휠체어 플루티스트
장은도 목사의 삶의 고백

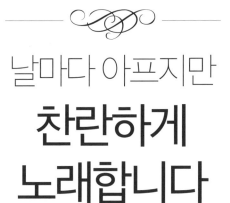

날마다 아프지만
찬란하게
노래합니다

장은도 지음

추천의 글

장은도 목사는 일생동안 봉사와 헌신을 통하여 매순간 하나님의 사랑을 전하는 주의 종입니다. 장 목사님의 삶과 사역을 주관하시고 도우신 하나님의 사랑을 모든 주의 자녀들에게 전하고 싶어 그동안 겪은 이야기들을 모아 한 권의 책을 발간했습니다.

장 목사님은 물질만능주의, 극단적인 열광주의, 신비주의, 일부 목회자들의 문제 등 나날이 세속화되는 한국교회에 모두가 복음의 본질로 돌아가기를 원하는 마음으로 영혼을 담아 플루트로 천상의 아름다운 선율을 전하여 우리 모두가 나눔, 섬김, 사랑을 실천하는 자들로 회귀할 것을 외치고 다녔습니다.

더불어 이 간증서는 고통 받는 한국교회를 건져 올릴 지침서가 될 수도 있다고 해도 과언이 아닐 것입니다. 특히 세상의 빛과 소금이 되라는 주님의 말씀처럼, 이 땅에 소외된 자들에게 큰 도움을 줄 수 있는 사랑이 묻어 있는 책이라 생각합니다.

아울러 이 책을 통해 보다 많은 분들이 자신을 돌아보는 회개의 기회를 삼길 바랍니다. 또한 이 책을 만나시는 분들 모두 오직 주님만을 바라보는 목사님의 눈을 쫓아가는 여정이 되길 소망합니다.

이 책은 예수의 일꾼이 되기를 소원하는 모든 이들에게 길잡이가 될 것이며 책을 읽는 분들은 영성과 지성 그리고 인품을 겸비한 하나님의 일꾼으로 거듭나도록 하는 통로도 될 것입니다. 부디 갈 곳을 잃고 방황하는 영혼들이 본서를 통해 세상 속에서 빛을 발견하고 하나님의 자녀로 거듭나길 간절히 기도합니다.

김희신 목사 / 대한 예수교 장로회 통합 피어선 총회 총회장

데마는 이 세상을 사랑하여 세상으로 갔지만 장은도 목사님은 주님을 사랑하여 주님 품으로 돌아 왔습니다. 주님 오실 때까지 함께 하고픈 목사님! 너무나도 아름답고 멋진 삶을 살아오시고 또 살아가실 목사님! 영광의 나라 갈 때까지 주님 찬양하는 삶 되시기를 기도합니다. 장 목사님의 삶의 고백을 통해 우리 주님께서 영광 받으실 줄 믿습니다.

고병훈 목사 / 대한 예수교 장로회 통합 피어선 총회 부 총회장

음악의 나라 오스트리아 빈에서 공부한 최고의 플루트 연주자, 대한민국 최고의 경지에 이른 장애인, 천상의 지휘자, 장은도 목사님의 삶과 신앙의 이야기가 모든 사람들에게 깊은 감동과 변화를 줄 것입니다.

최용학 교육학 박사 / 전 평택대학교 교육대학원 원장 , 현 사단법인 韓民會 대표이사 회장

장은도 목사님이 집사일 때 침례를 주었습니다. 물 가운데로 나오는 목사님을 볼 때 그간 지나온 고단한 삶의 현실을 얼마나 진중하게 받아들이셨는지를 느끼게 되었습니다. 그리고 왜 하나님께서 오늘날 당신의 종으로 부르시고 천사도 흠모하는 목회자로 세우셨는지를 알 수 있었습니다. 하나님께서 장은도 목사님의 사역을 통해 놀라운 역사를 일으키실 줄 믿습니다.

고정열 / 원주 단구침례교회 담임목사

장은도 목사님을 처음 뵈었던 날이 기억납니다. 휠체어를 타고 사역자실로 들어오시는데, 목사님의 첫인상이 너무도 따뜻하고 온화했습니다. 저도 모르게 허리를 굽혀 고개를 숙이고 목사님께 인사를 드렸습니다. 목사님과 악수를 나누는 순간 제 손끝으로 목사님께서 살아오셨던 모든 순간들이 스캔되는 것 같은 전율을 느꼈습니다. '어떻게 이렇게 불편한 몸을 이끌고 오스트리아까지 유학을 다녀오시고, 대한민국의 최고연주자가 될 수 있었을까? 그리고 하나님께서 어떤 사명을 주셨기에 사역자의 길을 다시 시작하셨을까?' 저는 목사님을 이끌어 가시는 그 동기가 무엇인지 궁금하였습니다. 그리고 그 열정과 동기가 장 목사님의 책을 통해 저와 모든 독자들에게도 전달되기를 간절히 바랍니다.

김석형 목사 / 동탄 꿈의 교회 담임 목사

장은도 목사님과 대화하면 그동안 인도하신 하나님이 수없이 드러납니다. 장 목사님의 삶과 신앙의 간증이 책으로 나와서 하나님의 은혜로 말미암아 그 지경이 더욱 넓게 펼쳐지기를, 또 다른 기적의 이야기로 이어지를 응원 합니다.

서덕원 목사 / 성화의집, 중앙양로원 총괄 이사겸 원장, 수원중앙복지재단 이사

장은도 목사의 삶을 증거하고 그 삶에 임하신 하나님의 은혜를 증언하는 책의 출판을 진심으로 축하드립니다. 저는 장은도 목사가 평택대학교 피어선 신학전문대학원에서 목회학 석사(*M.Div*) 과정을 공부하는 동안 그의 삶에 하나님께서 어떻게 은혜를 베푸셨는지를 생생하게 지켜보았습니다. 그의 삶은

하나님의 은혜가 연속되는 시간으로 채워져 왔습니다. 앞으로 자신을 더욱더 작게 만들고 그 삶에 임한 하나님의 은혜를 더 크게 세운다면 더 큰 하나님의 은혜를 증언하리라 믿습니다.

유윤종 박사 / 평택대학교 피어선 신학전문대학원, 구약학 교수

나의 할아버지는 40대 중반에 6남매와 할머니를 남겨 두고 작고 하셨다고 들었다. 할아버지는 남도 지역에서 장구로 장단을 맞추며 기생집과 잔칫집에서 주로 일을 하신 듯 했다. 할아버지는 타고난 재능꾼이었다. 길가다가 풀을 뜯어 불면 풀피리가 되고, 아무것이나 두드리면 타악기 장단이셨다고 한다.

나의 아버지의 삶은 7살 때 아버지를 잃고 학교 교육과 가정교육을 받지 못하며 성장 한 후 어릴 적에 보아온 음주가무가 생활이 되어 버리신 분이셨다. 그 후 아버지는 전라도 지역에서 노래자랑이 열릴 때마다 나가서 양은 냄비를 꽤나 받았던 내 어머니와 짝을 이루셨다고 한다. 아버지는 어릴 적부터 유흥을 좋아하시고 어머님도 노래에 재능이 있으신 관계로 나 역시 음악으로 직업을 정하게 된 것이 우연은 아닌 것 같다. 이러한 우리 집안의 분위기는 가정을 피폐하게 만들었고 하나님을 믿지 않던 우리 가족은 하나님의 마음에 합당하지 않는 삶을 살게 되었다.

'내가 만약 목사가 되지 않았으면 어떤 삶을 살고 있을까?'라고 가끔 생각해 본다 또 '내가 만약 장애인이 아니라면, 자유로이 세상을 활보 했다면 어떤 삶을 살았을까?' 생각해 본다. 그 끝은 아마도 지옥이었을 것이다.

1급 소아마비 장애인으로 평생 살았고 뒤늦게 목사가 되어 사는데 왜 힘든 일이 없었겠는가? 평생 불편한 몸으로 살았고 그로 인해 받은 고통이 극에 달할 때 마다 나는 "하나님 왜 하필 저인가요? 저 말고 다른 사람들은 멀쩡하게 잘 살게 하시고 나만 이렇게 장애인으로, 그것도 1급 장애인으로 고통스럽게 살게 하시다니..." 라고 하늘에 원망을 쏟아 내곤 했다. 그러나 그때 마다 하나님은 묵묵 부답이셨다.

나는 아버지와 어머니를 전도하기 위해 30년을 기도했다. 두 분은 교회에서 결혼을 하신 과거가 있다. 그리고 교회를 떠나 교회를 핍박하던 술꾼이셨다. 이런 기막힌 과거를 뒤로하고 30년의 기도는 결실을 맺어 부모님은 교회에 다니시기 시작했다. 그러나 오랜 시간 세상에서 묻은 먼지를 아직 다 털어내지는 못하셔서 힘들어 보인다. 그래도 기도하실 때 눈물을 찔끔 흘리시는 팔순이 넘으신 아버지를 볼 때면 아버지의 외도로 인해 내가 겪은 고생이 생각나서 격세지감이 느껴진다. 이제라도 믿음생활을 하시는 부모님의 모습에 정말 포기하지 않는 기도는 응답이 온다는 것을 새삼 알게 되었다.

내가 만약 목사가 되지 않고 음악을 하였다면, 연주하고 지휘하면서 하나님의 영광을 단골로 가로채는 범죄자가 되었을 것이다. 그 이유는 영광받기를 매우 좋아하는 교만이 내게 있기 때문이다. 이제야 조금 하나님의 마음을 알겠고 "하나님, 왜 저만 장애인으로 만드셨나요? 왜 가기 싫은 목사의 길로 이끌어 오셨나요?"라는 물음의 답을 스스로 알게 되었다. 그것은 바로 나를 사랑하셔서 이 세상에서 더 좋은 것을 주시고 또한 사후에는 더 좋은 곳으로 이끄시려는 사랑이었다는 것이다

이제는 하나님의 인도에 감사가 나오고 이런 삶이 얼마나 큰 은혜인지 알게 되었다. 날마다 목사가 되었다는 것이 좋고 말씀을 전할 때 큰 기쁨과 희열까지 느낀다. 어떤 분은 "천상 목사네"라고 칭찬해 주신다. 서로 모르는 분들

을 만나 교제 하면 "목사님이세요?"라고 묻는다.

이제는 목사로 하나님 일을 더 하고 싶은데 장애로 건강이 예전만 못하. 다. 정상인은 내 나이에도 건강하다고 하는데 나는 매일 골골한다고 아내에게 혼이 난다. 또 심하게 틀어진 척추 측만은 더욱 진행 되어서 밤마다 허리 통증을 호소하고 깊은 잠에 들기는 요원하다. 그래도 하루에 한 명에게 전도하고 집회 다니며 연주와 말씀 전할 때는 새로운 힘이 생긴다.

많은 분들이 자서전을 쓴다고 하니까 "좀 이르지 않은가?"라고 말씀들 하셨다. 그런데 자서전이지만 이 책은 그냥 간증서로 보면 될 것이다. 그간 초청으로 다니며 했던 간증도 있었지만 털어놓지 못한 깊은 속 이야기들을 이 책에서는 담아 보았다. 이렇게 깊은 이야기까지 내놓는 이유는 뒤에서 내 인생에 역사 하신 하나님을 다른 분들에게도 전하고 싶기 때문이다. 그리고 너무도 많은 은혜를 입은 내가 침묵하는 것은 하나님에 대한 예의가 아니라고 생각한다.

그래서 이 책은 사실적으로 저술하였다. 예를 들어 지명이나 등장하는 분들을 가급적 실명을 사용하였고 과거의 가정 형편이나, 병원에서 살아온 이야기, 또는 물질의 연단에 대한 이야기 등은 사실적으로 묘사했으며, 두 딸아이들이나 내가 받은 축복도 사실 그대로 표현했다. 여러 교회나 단체에 가서 간증하며 받은 은혜는 너무 많아서 일일이 다 나열하기 힘들어 조금만 실었다.

저술한 내용 중에 특별히 잊혀 진 어릴 적 7세 이전의 기억은 희미하여 저술이 불가능했으나 깊게 기도하였더니 영화의 스크린처럼 그때를 생각나게 해 주셨다. 그렇게 조금씩 쓰다 보니 이 간증서를 쓰는데 3년이 걸렸다.

끝이 선하면 주의 일이라고 했던가... 그렇게 모든 것이 선하시고 끝까지 자녀를 포기하지 않는 주님의 사랑을 오늘 다시 한 번 체험하며 이 책을 읽는 모든 분들은 하나님이 함께 하심을 알게 되는 인생이 되길 바란다.

이 책이 나오기 까지 도움을 주신 김현태 목사님을 비롯해서 주변의 모든 분들과 아내와 두 딸에게 감사한다. 끝으로 나의 삶을 쓴 이 책을 통해 하나님께서 영광 받으시기를 간절히 소망한다.

2018년 2월 장은도

contents

윈드 오케스트라 지휘

내가 어릴 적에

야곱아 너를 창조하신 여호와께서 지금
말씀하시느니라 이스라엘아 너를 지으신 이가
말씀 하시느니라 너는 두려워하지 말라 내가
너를 구속하였고 내가 너를 지명하여 불렀나니
너는 내 것이라

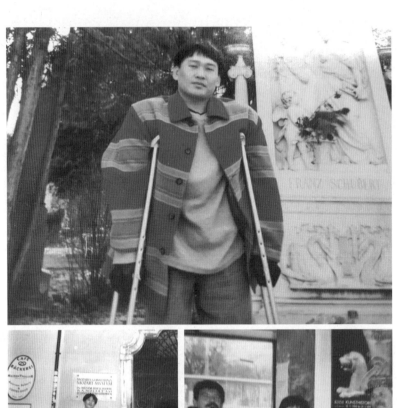

비엔나 유학 사진 모음

노래만 하는 아이

충청남도 금산 중도리 500번지, 이것은 나의 원적이다. 지금도 주인집 딸이었던 누나 이름이 생각난다. 형금이 누나! 그 집에서 어린 시절 7살까지 지낸 것 같다. 내가 왜 걷지 못하고 앉아만 있는지를 몰랐다. 그저 돈 벌러 서울 간 아버지와 어머니 대신 나를 돌보던 할머니에게 짜증을 내는 것이 내 일과의 전부였다.

그러던 어느 날 라디오에서 들려오는 노래 소리가 내 마음에 쏙 들어오기 시작했다. 라디오! 그래 저거구나! 그곳에서는 온갖 노래들이 흘러나와 혼자 있는 나를 즐겁게 했다. "이젠 심심하지 않아 다른 애들처럼 산과 들을 돌아다니지 않아도 심심하지 않아." 그때 들은 70년대 초반에 유행한 노래들을 지금도 잘 부른다. 6, 7살 때 나는 그렇게 라디오를 벗 삼아 노래를 배웠다.

해가 질 때면 나는 툇마루에 앉자 이미자, 남진, 나훈아 등 가수들의 노래를 멋들어지게 부르기 시작했다. 산일, 들일을 마치고 귀가하는 동네아저씨들은 "저 녀석 또 노래하네. 뭐가 되려고 앉아서 노래만 한대!"라고 하셨다. 나는 툇마루에 앉아 노래를 할 때면 마당에 관객이 있는 양 폼을 잡고 노래를 하곤 했다. 그러다 지치면 할머니가 끓여준 감자 듬뿍 넣은 수제비를 먹고 잠을 청했다. 그래서 지금 내 딸들이 감자를 좋아 하는 것 같다. 그렇게 시작한 나의 작은 달란트를 하나님은 평생토록 교회에서 사용하셨다. 작은 것이라도 주님께 가져가면 그것이 크게 사용된다는 것을 알게 되었다.

"이르시되 그것을 내게 가져오라 하시고 무리를 명하여 잔디 위에 앉히시고 떡 다섯 개와 물고기 두 마리를 가지사 하늘을 우러러 축사하시고 떡을 떼어 제자들에게 주시매 제자들이 무리에게 주니" *(마 14:18-20).*

소아마비

3살이 되던 무렵, 아버지는 그날도 얼큰하게 취하여 들어오셨다. 그리고 여느 때처럼 자고 있던 나의 양 팔을 들어 일으켜 세우며 깨우셨다. 내가 일어서지 못하고 푹 주저 앉기를 여러분 반복했다는 것이다. 부모님은 몇 일간 내가 감기로 열이 났었는데 감기가 심해진 줄 알았다고 하셨다.

사실 나는 3살 전에 잘 걷고 뛰어 다니던 아이였다. 그래서 그런지 부모님은 더욱 놀라셨던 것이다. 그 길로 불안감을 느낀 부모님은 나를 데리고 금산에서 밤차를 타고 대전의 제일 한약방을 찾았는데, 그 한약방에서는 나를 데리고 빨리 서울로 가라고 조언했다는 것이다. 그리고 서울 세브란스 병원에서 받은 진단은 놀랍게도 1급 척추포함 소아마비 장애진단이었다.

소아마비는 척추로 바이러스가 들어가서 열이 나다가 하반신부터 마비되는 무서운 후진국성 병이다. 그 병은 영원히 완쾌 되지 않고 평생을 장애인으로 살아야 한다. 나는 그렇게 소아마비에 걸렸다. 지금 내 장애는 척추 측만 80도 이상 진행된 1급 1호 소아마비 장애인으로 50년을 살고 있다. 그날 그렇게 소아마비 진단을 받은 후 우리 가족은 너무도 침통하게 보냈을 것은 자명하다.

　그런데 더 안타까운 일이 생겼다. 진단을 받은 후 일주일이 지나자 동네 통장님은 소아마비 접종 안내서를 주러 우리 집을 방문 했었다는 말을 들었다. 그 이야기를 듣는 순간 '한 달만 빨리 통장님이 오셨어도, 아니 2주일만 빨리 통장님이 오셨어도, 나는 걸을 수 있었을 텐데'라는 회한이 들곤 했다. 그러한 원망은 나에게 항상 반항과 사회에 대한 불신, 사람들에 대한 저항 등으로 자리 잡게 되었던 것 같다.

　그러나 하나님을 만나고 난후 신앙생활을 하며 나를 도우시는 하나님을 여러 번 만나게 되었다. 하나님은 내가 기도하며 도움을 청하면 한 번도 늦게 오시는 경우가 없었다. 세상에서 받은 상처가 하나님의 자상함으로 극복된 것이다. 그래서 나의 인생은 하나님을 만나기 전과 후가 천지차이였던 것이다.

　나는 내가 무엇 때문에 장애인이 되었는지 왜 그렇게 고생을 하며 살아야 했는지 한 번도 생각해 보지 않았다. 항상 엄마의 말씀대로 그저 팔자거니 하고 감정을 누르며 살았다. 어머니는 매일 팔자란 말을 자주 쓰셨다. 그래서 내 인생은 하나님을 만나기 전에 실패자였다. 장애인으로 살 팔자, 고생할 팔자, 가난할 팔자, 그러나 하나님을 만난 이후에는 그 모든 팔자가 복의 근원이 되었다.

　그 후 신학을 하며 목사가 되는 과정에서 여러 가지 신학적 생각을 하게 되었다. 그것은 하나님을 믿지 않는 자의 죄에 관한 것이었다. 그 근원은 출애굽기 34장 7절의 말씀으로 "인자를 천대까지 베풀며 악과 과실과 죄를 용서하리라 그러나 벌을 면제하지는 아니하고 아버지의 악행을 자손 삼사 대까지 보응하리라"라는 말씀과 신명기 5장 10절의 말씀으로 "나를 사랑하고 내 계명을 지키는 자에게는 천대까지 은혜를 베푸느니라"라는 두 성경 구절이었다.

이 말씀을 보면서 나는 선조를 원망하고 방탕하게 산 아버지를 원망했었다. 그런데 아버지, 할아버지는 방탕하게 살았지만 하나님을 욕하고 저주하지는 않았다고 생각했다. 그러나 이 말씀을 읽으며 어릴 적 모든 기억이 어렴풋이 떠오르기 시작했다. 택시 일을 하시며 아침에 성경책 들고 안경 낀 사람이 타면 욕하며 오시고, 교인들이 잔돈을 다 받아 챙기면 쪼잔하다고 욕하시고, 어느 집이 교회건축에 전세금을 빼서 헌금하고 반 지하에 산다고 조롱하시고... 등등의 이야기들과 수시로 교회와 목사를 핍박하는 발언을 하신 것이 어렴풋이 기억나게 되었다.

나는 그 이전에 할아버지와 할머니 그 이전의 증조할아버지의 삶은 알지 못한다. 아마도 그 이전은 기독교와 하나님에 대하여 개념이 아예 없었던 시절이었을 것이다. 그러나 나의 아버지가 하나님과 교회와 성도를 핍박하던 것을 들으며 내가 받은 것이 저주라는 것을 부인할 수가 없었다. 그러나 그 성경적 논리를 또 반박할 말씀을 하나님은 내게 주셨다. 요한복음 9장 2-3절이었다.

"제자들이 물어 가로되 랍비여 이 사람이 소경으로 난 것이 뉘 죄로 인함이오니이까 자기오니이까 그 부모오니이까 예수께서 대답하시되 이 사람이나 그 부모가 죄를 범한 것이 아니라 그에게서 하나님의 하시는 일을 나타내고자 하심이니라."

나는 이 말씀을 묵상하며 부모님에 대한 원망이 조금 누그러들었던 기억이 난다. 그러나 목사가 된 후 성경을 공부하고 묵상하며 매일 알게 된 사실이 있었다. 그것은 나의 죄성이었다. '내가 만약 장애를 갖지 않았다면 집안의 내력대로 다 죽어 갈 때 회개하지 않았을까'라는 반문을 스스로에게 던졌다. 음악을 하며 교만과 아집과 세상을 유랑하며 즐거운 삶에 하나님의 존재를 멀리 할 수 있는 토양을 다 갖춘 나였기에 분명 은혜롭지 않은 삶을 살았을 것이란 결론이 내려졌다.

그래서 몇 년 전부터는 장애를 주신 하나님께 감사하고 시련을 주신 하나님께 감사하게 되었다. 그러자 간증의 깊이가 깊어지며 성경을 볼 때 더욱 깊은 감사가 우러나왔다. 그러므로 또 얻은 결론은 하나님이 나를 사랑하셔서 인도하신 내 삶을 진정 사랑하며 본분에 충실해야 한다는 것이었다.

"야곱아 너를 창조하신 여호와께서 지금 말씀하시느니라 이스라엘아 너를 지으신 이가 말씀 하시느니라 너는 두려워하지 말라 내가 너를 구속하였고 내가 너를 지명하여 불렀나니 너는 내 것이라"*(사 43:1).*

논두렁

큰 이모님 댁은 전라도 장수였다. 이모님 댁은 큰 길에서 버스를 내려 꽤 오랜 시간 논두렁을 걸어가야 했다. 그러면 초가집 군락이 나오는데 그곳 어디였던 것으로 기억한다. 내가 5,6세 때 누군가의 등에 업혀야만 이동이 가능할 때였다. 그 날도 아버지는 술에 많이 취해 계셨다. 어머니, 아버지 두 분은 역시 술 때문에 다투시며 나를 업고 큰 이모네 집으로 향하고 있었다.

버스를 내려서 논두렁을 걸어가는데 아버지는 굳이 나를 업고 가신다고 고집을 부리셔서 어머니가 아버지에게 나를 업혀 주셨다. 그런데 조금 가다가 아버지가 비틀거리며 넘어져서 논두렁에 나를 쳐 박아 버렸다. 나는 차가운 진흙 바닥에 쳐 박히고 말았다. 엄마는 비명을 지르며 달려와 나를 다시 안아 업었다. 그렇게 앞으로 도망하듯 나를 업고 앞서시는데 아버지가 나를 다시 업겠다고 달려들어 나를 빼앗아 업으셨다. 그리고 다시 가다가 좁은 논두렁에 아버지는 나를 또 쳐 박고 말았다. 온몸이 흙투성이가 되었다. 그리고는 아버지는 어머니와 서로 밀치고 싸우고 어머니는 나를 안아 주려고 하다가 다시 논두렁에 같이 넘어져 쳐 박히고 정말 아수라장 같은 시간이었다.

나는 그날 그렇게 긴 밤을 논두렁에 수없이 쳐 박히며 두 분이 싸우는 긴 시간동안 지옥을 경험하였다. 논두렁에 내 동댕이칠 때면 조금이라도 벗어나고 싶어서 앞으로 엉금엉금 기어 도망을 쳤다. 나는 무조건 그 상황을 벗어나고 싶었다. 그러면 또 잡혀 업히고를 반복하였다. 내가 5,6살 때였는데 이 일을 이렇게 기억하는 이유는 그 날을 자주 떠올리면서 힘들어 했던 기억이 30세 후까지 이어졌기 때문이다.

아버지가 요즘 간혹 교회 가서 손녀들을 위해, 나의 미래를 위해 기도하신다고 말씀하시면 격세지감이 심하게 오곤 한다. 어린아이였던 나는 그날 밤 두 가지 생각을 하였다. '날개가 있었으면 도망을 갈 수 있었을 텐데'라는 생각과 '그냥 죽고 싶다'는 생각이었다. 나는 부모님을 원망하며 이런 생각도 했었다. '그냥 날 버리고 가지 왜 이런 꼴을 보이나.' 심장이 너무 심하게 뛰고 무서워 그 고통을 한 동안 잊을 수가 없었다.

부모님과 나는 밤새 실랑이를 하며 시간을 보내다가 날이 훤히 밝을 무렵 이모네 집에 도착했다. 그리고 드르렁 드르렁 코를 골며 주무시는 아버지를 보며 나는 돌아서서 두려움과 슬픔의 눈물을 흘린 기억이 지금도 생생하다. 나는 그때 왜 내 발로 걸어서 그 고통의 순간을 빠져 나오지 못하였는지 한없이 누군가를 원망했었다.

그러나 그때 받은 모멸감이 세상을 살 때 참담한 일을 겪을 때마다 극복하는 힘이 되었고 목사가 된 후에는 상식이하의 성격을 가진 성도들을 만날 때 그들을 이해하는 긍휼이 생기게 된 것 같다.

"내가 알거니와 여호와는 고난당하는 자를 변호해 주시며"(시 140:12).

나는 부자가 되고 싶었다

7살 때 금산에서 서울로 오게 되었다. 금산에서 버스를 타고 대전을 나와 기차를 타고 서울역에 내렸다. 서울역에 도착하자 아버지가 고급 승용차를 가져 오셨다. 나는 너무도 기쁘고 아버지가 대단해 보였다. 그 멋진 차를 타고 어디론가 달리는데 그 광경은 신비의 연속이었다. 특히 박정희 대통령이 건설

했다는 웅장한 3.1고가를 달릴 때 꼭 하늘위로 길이 난듯해서 마냥 즐거웠다. 나에게 서울의 새로움은 환상적인 충격을 주었다. 이런 으리으리한 서울로 나를 데리고 온 부모님이 너무 고맙고 대단하게 느껴졌다. 그리고 내가 살게 될 으리으리한 서울 집을 연상하며 부푼 가슴이 진정이 되지 않았다.

청계고가를 달리더니 갑자기 길이 좁고 건물들이 낮은 지역으로 점점 들어가기 시작했다. 전농동을 지나 장안동 어느 고개를 넘으니 이상한 동네가 나오기 시작했다. 지금은 그래도 교통 좋고, 살기 좋은 동네라고 하지만 내가 7살, 45여 년 전의 면목동의 개천 뚝은 빈민촌이었다. 가건물 같은 집에 안채도 아니고 바깥채 방 한 칸, 그 곳이 우리 집이었다. 나는 순간 시골집 마당이 있는 형금이 누나네 집이 대궐임을 깨달았다.

넓고 으리으리한 서울, 그러나 좁은 서울 집, 낡아서 불편하고 냄새도 났으며 특히 씻을 때도 없었다. 부엌이 딸린 듯 했으나 너무 불편했고, 당시 나에게 최고의 문제는 화장실이었다. 재래식이며 대중화장실인 화장실에 다니기는 당연히 힘들었다. 그래서 항상 오강을 사용하여 대소변을 방에서 보았다. 때로는 방안에서 종이를 깔고 큰 것을 해결했는데 지금도 생각하면 그 창피함과 모멸감은 이루 말 할 수 없었다.

"오! 주여, 나를 왜 이런 곳으로 보내셨습니까?"

그때 내가 하나님을 만났다면 7살이었다 해도 이런 기도를 했을 것이다. 그 이후에도 우리 집은 크게 달라지지 않았다. 아버지는 회사를 다닌다고 하시며 항상 깨끗한 옷을 입고 멋진 차(*사장님 차*)를 몰고 다니시는데 우리 집은 여전히 가난하고 힘들었다. 나중에 안 사실이지만 아버지는 높은 분 수행 비서를 한다고 매일 명동에서 옷을 맞춰 입으셨다고 한다. 또 자주 집에 들어오시지 않고, 집에 오시면 항상 어머니와 싸움을 하는 것을 보았다. 지금도 명동의 옷은 비싼데 그때는 아마도 월급의 반 이상이나 전부를 옷값으로 쓰는 한심한 짓을 하셨던 것이다 그것도 모자라서 술과 색으로 시간과 물질을 허비하며 가족의 양육을 뒤로 하는 한심한 가장이었던 것이다.

사라진 내 친구 텔레비전

징그럽게 힘든 서울생활도 고통 속에 세월이 조금 흘렀다. 8살 때 방 하나에 다락과 부엌달린 집으로 이사를 갔다. 10집이 쭉 이어진 집이어서 열 집이라고 불렀던 것 같았다. 나는 한글도 못 깨우친 채 2년 동안 방안에서만 있는 가택방치 아이가 되었다. 세상과의 소통은 얼마 전에 엄마가 월부로 사다 놓은 텔레비전이 전부였다. 너무 귀해서 장롱에 넣어두고 장롱 문을 잠그며 보관했던 우리 집의 보물 1호였다.

나는 저녁 6시부터 나오는 만화에 흠뻑 취했고 하루가 길어도 저녁에 텔레비전을 볼 수 있다는 생각에 지루함을 참을 수 있었다. 지루함을 달래기 위해 낮에는 다락에 올라가 알 수 없는 여러 가지 책들을 읽었다. 그때 읽은 책은 8살 아이가 읽지 못할 한국 단편 문학 전집과 세계의 사상 전집 등이었다. 그래서 결혼 후 아내가 아이들에게 잠자리에 들 때 동화책을 읽어주면 내가 더 재미있게 들었던 기억이 난다.

텔레비전 시청을 한 후 8시가 넘으면 한쪽에서 나는 잠을 청하라고 하시며 11시까지 부모님은 텔레비전을 보시곤 하였다. 말이 되지 않았다. 단칸방에서 어디 갈 데가 있다고 나는 잠을 청하라고 하고 두 분은 텔레비전을 보시는 것인지 이해할 수 없던 시절이었다. 그래서 나는 어린 시절부터 두 딸에게 공부방을 주기 위해 정말 필사의 노력으로 집 장만에 힘쓴 것이었다.

당시 형과 누나는 외갓집에서 지내서 나는 더욱 외로웠다. 어린아이에게 부모님과 단칸방을 쓰는 것은 고통이었다. 모든 것을 봐도 못 본 척, 부모님들의 스킨십, 부모님들의 사는 이야기, 필요 없는 내용들을 너무 많이 보고 듣게 되는 것이 힘에 겨웠다. 나는 그저 많은 시간을 잠을 잤던 것 같았다. 그 원망은 지금도 남아 있다. 그리고 지금도 나에게 누군가가 빨리 자라고 하면 화가 치밀어 오른다. 어찌 되었든 나의 무료함을 달래준 유일한 세상과의 소통의 도구인 텔레비전은 매우 귀한 내 친구였다.

하루는 그 귀한 텔레비전을 아버지는 큰 보자기에 싸서 들고 어디론가 가셨다. 혼자 있는 나를 업고 한손에 텔레비전을 들고 가신 곳이 지금 생각해 보면 전당포였던 것 같았다. 아버지는 흥정을 한참하시며 텔레비전을 그곳에 두고 돈을 받아 나를 업고 기분 좋게 집으로 오셨다. 그래서 우리 집에는 텔레비전이 없어졌다. 나는 유일한 친구를 잃어 버린 것이다.

그날 저녁, 어머니와 아버지는 텔레비전을 주제로 대판 싸우셨다. 아마도 그 텔레비전 값은 아버지의 유흥비가 되었던 것으로 생각된다. 어머니는 텔레비전도 없는데 그 할부를 계속 내시며 또 팔자타령을 하셨다. 그 후 내게 유일한 친구이며 세상과 소통하는 시간 때우는 귀한 친구가 없어진 것이다. 나는 또 다시 햇빛도 안 드는 단칸방에서 지옥 같은 어둠과 외로움을 홀로 견뎌야 했다.

나는 지금도 막힌 장소, 폐쇄된 곳에 오래있는 것을 싫어한다. 청소년 때에는 오토바이를 타고 자주 드라이브를 즐기며 밖으로 열심히 돌아다니는 것을 좋아했다. 아마도 어릴 적 방안에만 있던 삶이 힘이 들어서 돌아다닌 것이 아닌가 생각한다. 그러나 주님을 만나고 나니 하루 종일 연습실에서 연습도 하고, 목사가 되니 방안에서 종일 성경도 보고 글을 쓴다. 그래서 매일 생각한다. 세상에서 하나님을 만나는 것 보다 더 좋은 치유가 있을까?

부부싸움

어느 날 아버지가 술에 취해 들어오셨다. 초저녁부터 아버지를 기다리시던 어머님은 화가 많이 났던 것 같다. 아버지의 귀가와 동시에 두 분은 크게 싸우기 시작하셨다. "이런 병신 아들을 옆에 두고 술이 목구멍으로 넘어가, 한심한 인간아!"라고 소리치던 엄마의 목소리가 나를 구석에 숨게 했다. 두 분은 몸싸움이 시작되었고 방황을 끊지 못하는 아버지에 맞선 어머니의 싸움은 처절했다. 화가 극에 달한 아버지는 담배 불로 엄마 얼굴에 대며 "자꾸 대들면 불로 얼굴을 지져버린다"라고 협박을 하셨다. 나는 정말 무서웠다. 힘없는 어린 아이 앞에서 어머니가 담뱃불로 얼굴을 대일 판이었다. 아버지는 뜨거운 담뱃불을 엄마 얼굴에 갖다 대며 싸우고 있는 모습은, 지금 생각해 보아도 인간으로 할 짓이 아니었다.

나는 그 장면을 지금도 또렷이 기억한다. 울며 소리 지르던 어머니, 그 엄마를 학대하는 아버지, 나는 아버지의 다리를 꼭 잡고 울기 시작했다. 그러나 아버지가 몸부림을 치는 바람에 나는 내동댕이쳐져서 머리가 장롱에 부딪쳐 정신을 잠시 잃고 말았다. 정신을 차리고 안 사실은 내가 잠시 기절한 것도 부모님은 모르고 계속 싸우고 계셨다는 것이다. 나는 두 분을 보며 '지옥이 여기구나'라고 생각했다. '지옥, 지옥에 살라고 나를 서울로 데리고 왔구나!'

나는 눈물도 나오지 않았다. 고통을 느낄 때 눈물이 나오는 것이지 이런 참담함을 느낄 때는 아이도 눈물을 흘리지 않는다는 것을 그때 알았다. 그저 벗어나고 싶고 아버지를 칼로 죽이고 싶단 생각 밖에 나지 않았다. 그래서 나는 고등학교 때 처음 교회를 갔는데 다들 '하나님 아버지'라고 기도하는 것이 정말로 싫었다. 나에게 아버지는 사랑의 존재가 아니었기 때문이다. 하나님이 그 때에도 나를 보고 계셨을까? 지금도 의문이 들 때가 종종 있다.

하나님의 일꾼은 태초에 예비 되었다고 생각한다. 물론 예정설에 기인해서 나에 대한 구원 계획 또한 태초부터 예정된 것이기 때문이다. 그런데 태초에 예비 된 일꾼, 하나님의 자녀인데 하나님을 만나기 전의 나의 삶은 언제나 세상속의 지옥이었다.

나는 21세부터 미친 듯이 돈을 벌려고 하였다. 한번은 지방으로 옷 장사를 따라가면 일당 5만원을 준다고 해서 큰 소리로 외치며 옷을 판적이 있었다. 그렇게 돈을 벌려고 발버둥 치며 산 이유는 정말 부자가 되고 싶었기 때문이다. 나는 청년이 되었을 때 그 가난한 면목동 뚝방을 한 번도 잊은 적이 없었고 두 분이 싸우는 모습 또한 잊지 못했다.

그 상처는 사랑하는 아내를 만나면서 가정이 생기자 어느 날 눈 녹듯이 없어지기 시작했다. 그래서 그 가정을 지키기 위해서라면 무엇이든 할 각오가 되어 있었다. 그러나 가정을 지키는 것은 물질이 아니고 하나님의 은혜요, 돌보심이라는 것을 결혼을 하고 10여년이 지나서 신앙이 깊게 들어 온 후 알게 되었다.

초등학교에 가다

드디어 초등학교에 가게 되었다. 면목동 중랑초등학교, 지금도 기억나는 것은 1학년 담임 이옥렬 선생님의 단아하게 입으신 원피스 정장이다. 우리 어머니는 평생 그런 옷을 입지 못하셨고 내 주변에서는 그런 옷을 입은 여자 분을 본 적이 없었다.

그런데 학교생활이 시작되면서 새로운 고통에 시달리기 시작했다. 당시에 나는 어머니와 누나가 업어서 학교에 데려다 놓으면 학교가 끝날 때까지, 9-12시까지 소변을 참아야 했기 때문이다. 아무도 나의 생리 현상에 대한 고민을 동조 해주는 사람이 없었다. 중간에 한 번 화장실을 데려다 주어야 하는데 엄마도 매번 시간을 어겨서 오기가 다 반사였다.

나는 그때 왜 화장실을 스스로 못 가는지 알 수가 없었다. 그냥 너무 급하면 싸야 했고 아이들의 놀림과 왕따는 자연스러웠다. 이런 상황에서 공부는 내게 너무 힘든 일이었다. 아침에 학교에 업혀 갈 때면 항상 화장실 걱정이 먼저 되곤 했다. 그래서 그런지 지금도 왼쪽 신장은 조금만 힘들어도 바로 문제를 일으키곤 한다.

힘든 학교생활, 그때 가끔 화장실을 챙겨주신 담임 선생님을 지금도 잊지 못한다. 내 얼굴을 보시며 힘들어 하면 데리고 나가서 애기 안듯이 두 다리를 앞으로 안아서 쪼그리고 앉아서 쉬를 보게 해주시던 선생님의 얼굴을 지금도 잊을 수 없다. 지금 생각해 보면 하나님이 학교에서 나를 돕는 선생님을 보내 주신 것 같다. 그간 만난 수 십 분의 선생님 중 43년이 지난 지금도 그때 돌봐주신 그 선생님의 이름을 아직 기억 한다. 이옥렬 선생님, 감사합니다.

"그러나 불쌍하고 가난한 이 몸, 하나님, 나에게로 빨리 와 주십시오. 주님은 나를 도우시는 분, 나를 건져 주시는 분이 십니다. 주님, 지체하지 마십시오"*(시 70:5)*.

눈물의 스웨터

나는 초등학교 시절 같은 장애를 가진 친구 상범이 어머님의 권유로 장애인 재활병원에 들어가게 되었다. 상범이는 재활병원에서 수술을 받고 목발을 짚으며 걸어 다녔기에 병원에 들어가면 나도 걸을 수 있다는 꿈을 꾸게 되었다. 당시 9살이었던 나는 집을 떠난다는 것이 세상에서 가장 무서운 일이었다. 그 이유는 집안에서만 생활하였기 때문이다. 그리고 사람들에 대한 두려움이 매우 심했다. 바로 대인기피증이었다.

병원에 입원하기 며칠 전 어느 추운 봄날이었다. 어머니는 무엇인가를 열심히 뜨개질로 뜨시기 시작했다. 며칠 지나지 않아 따뜻한 스웨터가 완성되었다. 내 몸에 딱 맞고 그렇게 훈훈한 옷을 입어본 적이 없었다. 아직 추위가 가시지 않은 이른 봄이라 스웨터는 크게 유용했다. 지금도 그 옷 색깔이 기억난다. 곤색 계통인데 목 부분에 테두리가 있었고 짚업 형태의 옷이었다. 그 옷이 완성 되는 날, 스웨터를 입고 좋아하는 나를 보며 어머니는 측은히 바라만 보고 계셨다.

다음날 웬일인지 아버지가 일하시는 회사의 자가용을 끌고 오셨다. 차를 타고 면목동을 빠져나왔다. 차는 이내 청계고가를 지나 서울역을 지나 용산 한강대교를 건너 신림동으로 향했다. 내가 처음 서울에 와서 청계고가를 건너 갈 때는 너무도 기뻤는데 그 날은 반대로 어딘가를 가고 있었다. 나는 그 차안에서 한없는 불안감과 두려움이 밀려오기 시작했다. 어린 나이지만 집의 반대 방향으로 가고 있다는 것을 알았기 때문이다. 아무튼 그 냄새가 좋은 외제 승용차가 간 곳은 바로 삼육 재활원이었다.

입원수속은 매우 빨랐던 것으로 기억한다. 아마 전화로 다 말해 놓은 듯했다. 당시 우리의 형편으로는 병원입원과 수술 치료 등이 불가능했지만 우리 가정은 당시 영세민으로 등록 되어 있어서 모든 지원을 국가에서 해주었기에 아주 소액으로 입원하여 수술과 치료를 할 수 있었다.

차갑고 일상적인 병원 분위기, 아직도 기억나는 아이들의 낯선 사람을 바라보던 눈빛, 울다 지쳐 잠이든 아이들, 여기 저기 이상하게 걷는 아이들, 삐거덕 삐거덕 휠체어 바퀴소리, 아이들에게 소리 지르는 간호사 선생님, 또 그들의 차가운 손길, 내가 입원실로 들어가자마자 간호사 선생님은 제일 먼저 옷을 다 벗으라고 했다. 몸빼 바지 같은 하의와 죄수복 같은 상의를 주면서 갈아 입으라고 하는데 옷에서 소독약 냄새가 진동하여 나를 더욱 무섭게 하였다. 스웨터를 벗자 썰렁한 병원건물의 냉기가 내 몸으로 스며들어왔다.

너무 춥고 무서웠다. 난 울기시작 했다. 엄마는 침통하고 힘든 얼굴로 내 옷을 갈아입히시고 내가 입은 지 하루밖에 되지 않은 따뜻한 스웨터를 종이봉투 같은 것에 둘둘 말아 담으셨다. 난 하루밖에 입지 못한 그 스웨터와 헤어지가 너무나도 싫었다. 그 스웨터와 헤어지는 것은 어머니, 아버지가 집으로 가시고 결국 나 혼자 남게 된다는 것을 알았기 때문이다. 아버지는 그날 내게 처음으로 진지하게 말씀하셨다 "은도야 잘 견뎌야 한다. 그래야 걷는 단다!" 그렇게 말씀을 남기시고는 부모님은 매우 힘든 얼굴을 하시며 집으로 돌아가셨다.

그 후 9년 동안 병원 생활을 하는 가운데 아버지는 가끔 빵을 10개, 20개씩 사서 밤늦게 갑자기 들이닥치시곤 하셨다. 그 때는 택시 일을 하셨기에 지나시다 오신 듯 했다. 지금 생각해 보면 아버지의 술버릇과 외도로 인한 문제에서 아버지 또한 피해자였다. 그 이유는 아버지도 할아버지에게 교육을 제대로 받지 못하고 할아버지의 방탕한 삶을 답습하신 것이기 때문이다. 그래서 보고 들은 것이 중요한 것이다. 우리 가정에 하나님이 늦게 찾아오신 것이 가끔은 한스럽고 큰 불만이었다. 그러나 이제라도 나의 가족과 부모님이 기독교인이 된 것이 더 없이 감사할 뿐이다.

병원에 입원한 첫 날 밤에 침대베게가 흠뻑 젖도록 울었다. 처음에는 소리 내며 울다가, 누가 뭐라고 하면 작은 소리로 울다가, 결국 지쳐 잠이 들었다. 하지만 썰렁한 분위기에 금방 다시 잠에서 깨어나서 눈물을 흘리고 있었다. 밤 11시쯤 되었을까, 어느 형이 갑자기 병실에 들어와 호통을 치며 수술하고 걸으러 왔는데 좋아해야지 왜 우느냐고 혼을 냈다. 그 형의 말이 꽤 설득력 있게 보여 눈물이 잠시 멈췄다. 그러나 또 다시 그 상황도 무서워 눈물이 터져 나왔다.

'그래! 난 걸어야 돼! 걸어야 돼! 걸어서 형금이 누나네 시골집에도 걸어가보고 놀이동산도 가보고 엄마랑 벼락소(경기도 인근 유원지)에 갈 때 수영도 직접하고, 학교 친구들에게 걷는 모습도 보이고 해야지'라고 속으로 결심하였다. 또 '친구 상범이에게 걷는 것도 보이고 나란히 서면 아마 내 키 가 더 클걸'라고 하며 위안을 삼기 시작했다.

난 어느새 깊은 잠에 빠져 들었다. 정말 길고 피곤한 하루였기 때문이다. 뭔가 둔탁한 소리에 잠을 깨었을 때는 새벽 4시쯤인 것으로 보였다. 입원실 중앙의 시계가 쉬지 않고 돌아가고 있었기 때문에 시간은 너무 잘 보였다. 새벽에 보일러가 들어 올 때 보일러 배관에서 나는 소리가 "딱, 딱"하면서 나를 깨운 것 같았다. 화들짝 놀라 정신이 들었다 집이 아니었다. 넓고 차가운 병실에 7-8개의 침대위에 각자 누운 장애인들, 아니 나에게 익숙한 단어인 병신들이 죽 누워 잠을 청하고 있었다.

나는 순간 그 광경을 보며 한없는 두려움에 눈물이 나서 또 소리 내어 울기 시작했다. 아이들은 깨지 않았다. 참 신기한 것은 아이들은 깨지 않아도 난 모두가 내 울음소리를 듣고 있다고 생각했다. 나 혼자 울고 있다고 생각하면 더 무섭기 때문이었다. 그때 간호사 선생님이 문을 박차고 들어와 형광등 전원을 올리셨다. 나의 두려움을 떨칠 절호의 기회를 얻은 듯 기뻤다. 그러나 이내 혼을 내신 후 간호사 선생님은 다시 불을 끄고 나가셨다. 다시 슬픔과 두려움이 몰려왔다. 그래서 또 울기 시작했다. 이제는 소리를 안 내고 울었다.

지금도 나는 병원이 싫다. 입원 하는 것은 더 싫고 차가운 간호사들의 손이 너무 싫다. 소독약 냄새는 더 싫다. 하나님은 그때도 나와 같이 하셨을 텐데 왜 따뜻한 손을 가진 간호사 누나를 보내주지 않으셨을까? 당시에는 정말 무서웠다. 집 떠나온 어린 장애인 아이에게 따뜻한 손길은 너무도 그리웠다. 물론 그날부터 그렇게 견디지 않았다면 지금의 내가 없었을 것이다. 그러나 지금 다시 생각해 보면 병원생활은 나에게 가장 안전한 곳이었고, 가장 살기 편안한 곳이었다. 하나님이 거친 세상 속에서 장애인의 몸으로 가장 살기 좋은 곳으로 옮겨 주신 것이었다. 병원에 들어가면서 얻은 유익은 여러 가지였다.

첫째, 그곳은 어머니와 아버지의 부부 싸움은 없었기 때문에 심리적으로 불안하지는 않았으며 술을 매일 마시던 아버지의 모습을 안 보며 서서히 어릴 때의 트라우마가 없어져 갔다.

둘째, 내가 음악을 접할 수 있는 곳이었다. 그래서 어린이 합창단 생활을 할 수 있었고 피아노, 기타 등을 만질 기회를 얻게 되었다.

셋째, 목발을 짚고라도 일어 설 수 있도록 4번의 정형외과 수술과 재활치료를 하는 곳이었으므로 1년 후 나는 전신 보조기를 하고 서서 걷는 훈련을 받았다. 그래서 목발을 짚으며 47세까지 걸어서 온 세상을 다닐 수 있었다.

넷째, 당시에는 놀림이 많은 시절이었다. 그래서 장애인이라는 말이 있기 전에 병신이라고 놀리는 친구들에 의해 상처 받지 않고 가장 예민한 청소년기까지 초등학교, 중학교를 마칠 수 있었다.

다섯째, 가장 중요한 것은 내 스스로 화장실을 언제든 갈 수 있는 곳이었다. 병원은 각각 침대를 쓰고 기숙사로 옮긴 후도 화장실에 언제든 갈 수 있게 방마다 휠체어를 배정해 주었고, 화장실은 넓고 쾌적하여 옷에 용변을 보거나 요강에 싸거나 신문지를 깔고 큰 것을 해결하는 일에서 해방 되었다.

하나님은 이런 여러 가지 편리를 내게 주시며 힘든 청소년기에 가장 나에게 맞는 곳으로 보내 주셨다. 당시 우리 집은 여전히 가난을 벗어나지 못하여 반 지하에서 화장실을 가려면 밖으로 기어 나와야 하는 실정이었기에 병원 생활은 더욱 하나님의 은혜이며 감사의 조건이었다.

특별히 나는 누나와 형과는 조금 다른 성격 형성을 하게 되었다. 그것은 용기를 잘 내는 저돌적 성격과 밝고 사교적인 성격으로의 전환이었다. 재활병원은 항상 아이들에게 용기를 넣어 주어야 한다는 정책이 있었기 때문이며 기숙사와 학교에서 각종임원을 맡으며 활동한 것이 밝고 사교적인 면을 갖게 하였다. 반면 형과 누나는 어려운 가정 형편에서 살며 폐쇄적이며 피동적 성격과 어두운 성격을 가지게 된 듯하여 지금까지 안타까움이 남는다.

"여호와께서 그를 황무지에서, 짐승이 부르짖는 광야에서 만나시고 호위하시며 보호하시며 자기의 눈동자 같이 지키셨도다" *(신 32:10)*.

수술

재활병원은 당시 소아마비, 뇌성마비 등의 장애인들을 주로 수용하여 정형 외과적 수술을 받고 보장구를 착용하여 걷게 하는 물리치료를 하였다. 그리고 부속으로 초, 중학교 및 특수목적 기술연마를 시켜서 직장을 갖게 하는 자립형 수산장 등을 갖춘 병원이며 장애인 수용 재활시설이었다. 입원하면 먼저 진단을 받고 수술을 결정하는데 주로 정형외과 수술이었다. 그때 나를 수술하신 선생님은 이헌영 선생님으로 기억한다.

그분은 연세대 의대에서 교육받으신 분으로 아주 젊고 능력 있는 분이셨다. 그분은 내게 아주 힘든 수술인 허리 펴는 수술로 왼쪽 골반과 협착된 다리를 펴는 수술을 두 번 해 주셨고, 오른발 엄지발가락 하나를 살리기 위해 발목 인대 강화 수술과 오른쪽 엄지발에 힘을 주기 위해 발가락에 20센티의 철심을 박아 힘을 넣는 수술 등을 해 주셨다.

당시에 걷기 위한 수술을 연속 3회, 철심 제거술 1회 등 총 4회의 수술이 6개월간 계속 되었다. 그 수술들로 인해 나는 허리와 골반이 펴지고 오른쪽 발목과 엄지발가락에 힘이 생겨 목발에 의지하여 걷게 되었고 음악을 시작한 후에는 그렇게 살려준 그 발목과 엄지발가락으로 까닥까닥하며 박자를 맞출 수 있었다.

병원 생활은 정말 무섭고 힘이 들었다. 수술실에 들어가기 전에는 진정제와 진통제 주사를 양쪽 엉덩이에 맞는데, 그 약은 힘없는 다리가 뻣뻣하게 힘이 들어갈 정도로 통증이 강했다. 나는 목청이 찢어져라 울어도 선생님들은 가차 없이 주사를 놨던 것으로 기억한다. 그렇게 무서운 수술을 9살 어린이가 4번이나 했다.

그러던 어느 날, 내 마음을 위로해 주는 작은 사건이 있었다. 2번째 수술이 끝난 어느 날이었다. 몸은 아프고 두려움에 떨고 있는 밤이었다. 병원 복도 중간에서 평안한 노래 소리가 들리기 시작했다. 그 음악은 너무도 평안해서 어두운 병실 전체를 푸근하게 감싸고 있었다. 시간이 지난 후에 나는 그 노래가 '누군가 널 위해 기도 하네'라는 곡이었다는 것을 알게 되었다. 그 찬양이 차가운 병동에서 당직 간호사 선생님이 틀어놓으신 라디오에서 흘러나왔다. 나는 그 노래 소리를 들으며 말할 수 없는 평안을 느꼈다. 무섭고 고통스러운 병원의 밤 시간, 어린아이에게 들려주신 하나님의 위로였다.

나는 그 곡을 지금도 집회를 나가서 연주할 때마다 눈물을 흘리곤 한다. 그때는 하나님을 만나기전이었는데 하나님께서 나에게 찬양으로 은혜를 주시여 위로해 준 것을 생각하면 그때도 내 곁에 하나님이 함께 하신 것이 분명한 것 같다.

이제 청소년이
되었어요

너는 환난날에 나에게 부르짖으라. 내가 너를
구할 것이니 네가 나를 영화롭게 하리라

창립 46주년 감사

2016년 11월 27일 | 대전대석침례교회 본당 3,4층

창립기념 감사예배 　 주일오전 11시
창립기념 감사음악회 주일저녁 7시
북한사 자녀들과나 함께나 태신자초청 음악예배

사랑하는 두딸과 연주 (대전 대석침례교회)

친구를 위한 필기

세월은 흘러 나는 재활 병원에서 중학교를 다니고 있었다. 병원 생활에 적응이 되자 친구들과 노느라 성적이 많이 떨어졌던 것으로 기억된다. 그때 나는 운동과 음악에 깊게 빠져 매일 강당에서 피아노를 두드리고 기타로 반주하며 노래하고, 합기도, 역도, 양궁 - 장애인 건강 증진으로 국가에서 운동 프로그램을 운영한 시절 - 등에 빠져 있었다. 또 이제 어른이 되려는지 제법 몸이 단단해 지고 내가 스스로 커가는 것이 느껴졌다. 매일 학교가 끝나면 놀 거리를 찾아 헤매곤 하던 시기였다.

어느 날 담임 선생님이 들어오셔서 자리 배정을 하는데 내가 황OO이라는 친구 옆에 앉게 되었다. 그런데 그 친구는 1급 중증 뇌성 마비 장애인으로 장애가 심해서 많은 도움이 필요한 친구였다. 화장실도 못가고 수업 중에 필기를 하는 것도 불가능했다. 문제가 생긴 것은 학기가 시작되고 일주일이 지나서였다.

그 친구 곁에 있는 짝은 당연히 친구의 필기를 대필해줘야 한다고 담임 선생님이 말씀해 주셨다. 정말 보통 문제가 아니었다. 내 필기도 귀찮을 때인데 더구나 공부에 취미를 잃은 내가 친구의 필기 대필은 더욱 말도 안 되는 것이었다. 그러나 선생님이 시키시는 일이라 어쩔 수 없이 내 필기를 한 후 그 친구의 필기도 해야 했다. 내가 한 번, 두 번 필기를 해주자 담임 선생님은 "은도 필기 잘하네! 계속 황OO을 도와 주거라!"라고 하셨다. 그날 이후로는 쉬는 시간에도 쉴 수 없었고 방과 후에도 남아서 필기를 해줘야 했으며 학교가 파해도 필기를 대신해 줘야 하므로 놀 시간이 부족했다.

그런데 이상한 일이 생기기 시작했다. 필기를 두 번 해서 그런지 점점 성적이 좋아지는 것이다. 그리고 나름 공부에 대하여 인지가 되기 시작했다. 그러나 그때는 필기가 하나님의 인도와 계획이란 것을 알지 못했다. 점점 성적도 좋아지고 학년이 진급되면서 고등학교를 가기 위해 열심히 공부하기 시작했는데, 모두 그 필기가 초석이 되었다.

중학교를 졸업할 때 나는 당당히 성적으로 사립 고등학교에 진학하게 되었다. 사실 수준이 낮은 장애인 재활병원부속학교 출신으로 당시에는 놀라운 일이라고 선생님들의 칭찬이 이어졌다. 그때 내가 만약 필기를 대필하지 않았다면 당시에는 명문인 사립 고등학교 진학은 꿈도 꿀 수 없었을 것이다. 그리고 고 1 때 그 학교에서 현태 형님을 만나 면목동의 흰돌 장로교회에 출석하게 된 것이다.

그리고 고등학교 2학년 때 교회 수련회에서 하나님을 만나는 영접을 하였으니, 필기를 시작한 그 모든 것이 우연이 아니라는 생각이 들었다. 당시 재활병원생활을 하며 병원 부속중학교를 다닌 내 실력으로는 그 고등학교에 갈 수가 없는 성적이었다. 그러나 하나님이 친구 황00의 필기를 도맡게 해 주셔서 공부에 관심이 붙고 수업의 이해도가 좋아져서 공부를 하게 된 것이다. 만약 내가 그때 그 필기를 대필 하지 않았다면 일반 고등학교에 진학하여 당시 학교 선배이신 현태 목사님을 만나지 못하였을 것이고, 그렇다면 교회에 인도되어 성령님을 만나는 축복을 누리지 못하였을 것이며, 하나님의 도움으로 유학을 가고 연주자가 되어 찬양과 집회도 못하여 하나님이 하신 일을 증거 하지도 못하였을 것이다. 많은 방문 연주와 자선 음악회도 못 열었을 것이며, 지금 목사가 되는 것 또한 불가능했을 것이고 아내도 만나기 힘들었을 것이다.

하나님은 이렇게 작은 것으로 큰 역사를 이루시는 분이다. 모든 분들이 그 사실을 알고 하나님의 인도를 더욱 신뢰한다면 오늘의 작은 시작이 내일의 큰 복으로 다가와 영원한 천국의 복을 누릴 것이라 생각한다.

"주께서는 못 하실 일이 없사오며 무슨 계획이든지 못 이루실 것이 없는 줄 아오니"(욥 42:2).

세상 속으로 전진

세월이 흘러 초등학교 2학년부터 중학교 3학년까지 만 8년의 삼육재활원의 삶을 정리 할 때가 왔다. 너무 두려운 나머지 나는 세상으로 나가는 연습을 하기로 했다. 그 방법으로 당시에는 멀게만 느껴진 집에 혼자 가보는 것이었다. 어느 날 버스를 타고 신림동 재활원에서 면목동 집까지 가기로 하고 길을 나섰다. 지금의 아이들이면 쉬운 일이지만 당시 장애인 수용 시설에서 8년 동안 지내며 사회와 격리된 삶을 살던 청소년에게는 세상은 무섭고 두려운 존재였다.

처음으로 버스를 타려고 버스 앞에 섰는데 버스의 높이가 너무도 높았다. 나는 당시에 있던 차장 누나와 기사 아저씨에게 기다려 달라고 사정을 하고 한 칸씩 목발을 짚고 올라갔다. 결국 마지막은 넘어져 기어 올라가게 되었다. 이 광경을 본 버스 안 승객들은 두 갈래의 의견으로 갈라졌다. 안 된 얼굴로 도우려 일어나시는 분들이 있는 반면에 그런 몸으로 왜 돌아다니느냐는 표정을 짓는 분들이 있었다.

나는 간신히 기어올라 혼자만의 힘으로 처음 버스에 올라탔다. 남의 시선은 따가웠지만 나 혼자 버스를 타는 것이 너무도 대견해서 눈물이 나고 신이 나서 미칠 지경이었다. 하지만 버스에서 또 기어 내리듯이 내린 후 갈아타야 하는 시점에서 문제가 생겼다. 길을 잃은 것이다. 버스를 1시간 정도 타고 청계천 광교에서 86번 버스로 갈아타야 하는데 너무 복잡해서 길을 잃은 것이다.

한참을 찾아다니며 나는 두려움과 복받쳐 올라오는 슬픔에 울며 거리를 헤매기 시작했다. 그때 나도 모르게 "하나님, 도와주세요"라고 기도를 했던 것으로 기억한다. 아직 하나님을 만나지 못했을 때였으나 미션스쿨에서 들은 기도를 한 것이다. 한참을 더 버스정류장을 찾아다니는데 그때 어느 신사분이 말을 건넸다. "학생, 왜 그래요? 길을 잃었어요?" 나는 말을 시켜준 그 아저씨가 너무 고마웠다. 눈물이 범벅된 얼굴로 나는 "집에 가는 길을 못 찾겠어요"라고 말했다. "집이 어딘데?" 또 그 아저씨가 물으셨다. "면목동인데요"라고 하자, 놀라시며 한참을 가야 한다고 하였다. 나는 도움을 요청했다. 그 아저씨는 멋진 차도 옆에 서 있었다. 나는 내심 저 차로 나를 집에 데려다 주길 간절히 바라고 있었다. 그러나 그 분은 나에게 왜 혼자 나왔냐고 물었다. 나는 집을 찾아 가보기 위해 8년 만에 처음으로 병원에서 혼자 외출을 했다고 하였더니 아저씨는 놀라며 대견해 하셨다. 그 분은 친절하게 나를 면목동 가는 86번 버스를 타는 정류장에 데려다 주셨다. 우리 집은 86번 종점이었기에 그 버스를 타고 끝까지 앉아 있으면 집에 무사히 갈 수 있었다.

나는 그날의 경험을 잊지 못한다. 이와 같은 경험을 어른이 되어서 오스트리아로 유학 갔을 때 여러 번 했기 때문이다. 어두운 밤 여러 인종들이 쳐다보고 지나가는 밤길은 정말 두려움의 순간들이었다. 스마트폰도 없던 시절, 지도 한 장으로 목적지를 찾아다니던 시절, 나는 그때 마다 "하나님, 저 좀 도와주세요"라고 기도했다. 그때 마다 어김없이 하나님은 상황에 맞게 도울 사람을 보내 주셨고 어려움을 헤쳐 나갔다. 그래서 그때 집을 찾아 혼자 갔던 것이 유학을 위한 예행연습을 미리 시켜 주신 것이 아닌가 생각해 보았다.

> "너는 환난날에 나에게 부르짖어라. 내가 너를 구할 것이니 네가 나를 영화롭게 하리라"(시 50:15).

교회를 처음가다

세상에 나와서 고등학교를 다니기 시작하자 매일 걸어서 학교를 다녀야 했다. 걷는 것이 너무 힘들어 어깨가 부어올라 매일 파스를 붙이곤 했다. 어느 날 아버지는 조그만 오토바이를 삼발이로 맞춰 개조해 주셨다. 당시에는 장애인들이 그런 종류의 교통수단을 자주 이용하던 시절이었다. 나는 너무 좋았다. 아버지의 오래된 선글라스를 끼고서 오토바이를 타고 영화배우가 된 것처럼 중량교를 건너서 학교에 다녔다.

고등학교 1학년 여름이 시작되던 어느 봄날, 아침에 오토바이가 시동이 걸리지 않았다. 학교 등교 시간이 임박해서 오토바이를 수리하러 갈 시간은 없었다. 나는 어쩔 수 없이 아버지의 택시를 타고 학교에 갔다. 당시 아버지는 개인택시를 받아서 예전과는 다른 삶을 살고 계셨다. 아침에 아버지의 택시로 학교를 가고 하교는 친구들과 걸어오기로 하였다. 학교를 마친 후 그날따라 친구들은 뿔뿔이 흩어지고 나는 무거운 가방을 들고 혼자 집에 가야 할 상황이 되었다.

한참을 힘들게 걷는데 갑자기 옆으로 누군가 조용히 따라 걸어오며 이렇게 말을 건넸다. "너 1학년 이니?" 현태 형님이었다. 현태 형님은 당시 고등학교 3학년이었으며 후일 나보다 먼저 목사가 되신 분이시다. 당시의 대입은 전기와 후기로만 나누어져 있었는데 목사로 서원하신 터라 전기는 아예 원서를 넣지도 않고 후기인 장로회 신학대학교에 입학해서 신학을 하신 후 미국 명문대에서 박사를 하시고 지금은 여러 나라에 선교를 하시는 목사님이시다.

당시에 나는 너무 힘이 들어 가방만 들어주면 원이 없겠다 싶었다. 현태 형님은 가방을 천천히 받아주시며 말을 걸었다.

"이 동네 처음이니?"
"네."
"그럼 어디서 왔니? 처음 보는데."
"병원에서요."

너무 긴장되고 무서웠다. 인상은 평범했는데 선배가 말을 걸면 무조건 몸을 조아리던 시절이었기 때문이다.

"그래, 그럼 우리교회 나올래?"

"교회요?"

난 놀랐다. 거친 학생들만 있는 곳이 일반 고등학교인줄 알았는데 따뜻한 선배를 만난 것이다. 나는 망설였다. 또 많이 걸어야할 것 같아서 망설였고, 교회는 내가 있던 병원에서 몇 번 가봤는데 너무 지루하고 재미없는 장소로 기억하고 있었기 때문이다. 내가 망설이자 현태 형님은 "내가 데리러 올게 그리고 교회에 오면 친구들도 많아. 여자 친구들도 많고"라고 말했다. 나는 마지못해 "언제요?"라고 말했다. 형님은 나에게 "이번 주 토요일"이라고 하고 가방을 내 집 앞 골목까지 들어 주시고 빠른 걸음으로 사라지셨다. 나는 그날 밤에 새로운 꿈을 꾸게 되였다. 사람들을 만날 수 있다는 꿈, 정상인 친구들도 만들 수 있다는 꿈, 또한 여자 친구도 만날 수 있을 것 같은 꿈, 나는 다른 아이들과 똑같이 분식집이나 빵집도 친구들과 다닐 수 있을 것 같은 꿈, 그런 평범한 꿈이었다.

그 평범한 일상이 내게는 너무도 그리운 것이었기에 그날 밤부터 내 가슴은 한껏 부풀러 올랐다. 토요일이 너무 기다려졌다. 토요일 오후, 학교를 파하고 약속장소인 86번 버스 종점에서 그 형님을 만나 4시경 교회에 들어갔다.

본당은 아닌 것 같고 1층의 작은 방으로 들어가는데 익숙한 소리들이 들렸다. 기타 반주에 맞춰 노래하는 음악소리였다. 방에 들어서자 20여명의 고등부 남녀 학생들이 자유스럽게 둘러앉아서 찬송을 하고 있었다. 리더이신 전도사님 한분은 가운데서 계셨고 둘러앉은 아이들 표정은 천사같이 밝았고 뭐가 즐거운지 까르르 웃으며 찬양을 하였다.

지금도 기억나는 태영이, 난주, 영선이, 승희, 지금은 평촌에서 목회하는 동환 목사, 경석이, 현태 선배, 역시 목사님이 되신 상욱 형님, 이름도 웃기는 도지사, 역시 목사가 된 영진이. 여러 명의 신실한 친구를 만나게 해준 흰돌 교회였다.

나는 들어가자마자 한없이 은혜가 밀려들었다. 눈물이 울컥하고 올라왔고 말할 수 없는 평안이 느껴졌다. 나는 다른 세상에 온 것만 같았다. 자유스럽게 웃으며 하는 찬양, '한마음 주소서', '내가 만민 중에서 주를 찬양하며', '저 멀리 뵈는 나의 시온 성 오 거룩한 곳 아버지 집' 등 주옥같은 가스펠 찬양이 줄줄이 자연스럽게 성부가 나누어지며 불러지고 있었다.

'아! 정말 좋구나! 여기가 바로 천국이구나! 내가 있을 곳이 이 곳이구나! 너무 좋다!'라는 생각이 저절로 들었다. 그렇게 만난 교회는 내 인생을 바꾸어 놓았다. 나는 전속 기타 반주자로 아이들과 친해졌고, 지인을 통해 플루트도 만나는 역사로 이어졌으며, 학교 기악 반에서 플루트를 배우는 기회로 연결되어 평생 플루트와 인연을 맺게 되었다.

지금 생각해 보면 하나님은 나에게 플루트를 만나게 하시려 여러 경로를 이끌어 주셨는데 가장 중요한 것은 플루트를 만난 후 내가 건강이 좋아지고 복식 호흡으로 인해서 소화가 잘되고 척추 측만을 계속 극복하게 되었다는 것이다. 그렇게 시작된 신앙생활은 내 인생을 하나님께로 인도했으며 하나님과의 첫 사랑의 시작인 첫 성령체험을 하게 된 교회가 되었다.

성령 체험

흰돌 교회의 생활은 나에게 많은 변화를 주었다. 나는 시간이 갈수록 교회생활에 깊게 적응하게 되었다. 고등학교 2학년 여름 방학이 되자 수련회를 간다고 다들 술렁거렸다. 수련회는 한 번도 가본 적이 없는 행사였다. 친구들과 다 같이 수련회를 간다는 것에 나는 매우 설레었다. 어딘가에 놀러 간다는 것은 한창 나이에 정말 기분 좋은 일이고, 그간 병원 생활로 친구들과 밖에 나가본 적은 더군다나 없었기 때문이었다.

더운 여름 어느 날, 장소가 기억나지 않지만 아마도 경기도 모처의 시골 학교 같은 곳에서 수련회를 진행한 것으로 기억한다. 수련회는 찬양도 하고 기타도 치며 여러 친구들과 성경공부를 하는데 매우 좋았다. 하지만 너무 많은 성경공부와 찬양에 둘째 날쯤 되니까 조금씩 지루해지기 시작했다. 그러나 열심히 참여하였다. 둘째 날 저녁 식사 후에 다시 성경공부와 찬양을 하는데 이끄시는 전도사님이 뜨겁게 기도를 하시며 성령을 받으라고 하셨다.

나는 '뭔가를 주려나 보다'라고 생각을 했다. 그런데 뭔가를 주지는 않고 계속 기도와 찬송이 이어졌다. 한 두 시간쯤 흘러 모두 자신이 만난 하나님을 간증하기 시작하며 사람들이 울기 시작했다. 나는 다들 왜 저렇게 우는지 이해가 안 되었다. 그런데 점점 내 차례가 다가오고 있었다. 나는 불편해 죽는 줄 알았다.

'어쩌지! 나는 하나님을 언제 만났지!'라는 생각을 하는데 벌써 내 차례가 되었다. 그래서 나는 예전에 병원 생활을 떠올리며 그때 이야기를 하기로 했다. "나는 하나님을 잘 모릅니다. 그런데 병원에서 수술하며 병상에 있을 때 누군가에게 무조건 기도했습니다. 너무 아파서 기도한 것 같습니다. 기도해도 계속 아팠습니다. 그런데 그 때마다 주위 분들이 와서 과자도 주고, 목욕도 시켜주고, 위로도 해 주셨습니다. 그때 사람들이 도와준 기억이 나는데 그 분들을 하나님이 보내주신 분들이 아닌가 생각됩니다." 이런 말을 나도 모르게 하고 있었다.

그런데 그 순간 갑자기 "그래, 은도야! 그게 나란다. 내가 널 도운 것이란다. 내가 널 사랑한다"라는 음성이 들리는 듯 했다. 순간 눈물이 왈칵 쏟아졌다. 나는 어릴 적 아버지와 어머니가 싸울 때 말리던 순간에 울었던 것 보다 더 크고 슬프게 울고 있었다. 아니 그때의 눈물과는 달랐다. 아주 깊은 곳에서 터져 나오는 심령의 눈물이었다. 뜨거운 마음속 깊은 곳에서 솟구치는 눈물이었다. 그렇게 울긴 처음이었다.

그때 친구들과 선생님들이 한 명씩 와서 날 안아주기 시작했다. 더 복받쳐 오르는 슬픔에 감당하기 힘들 정도로 울었다. 그 간의 장애를 갖고 살던 슬픔, 긴 시간 병원에서 받은 구타, 수모, 갈등 등과 힘든 일을 겪던 것, 가정의 불화, 장애인으로서 받은 왕따, 내게는 슬픈 일이 너무 많았다. 너무 슬퍼서 우는 줄 알았는데 그때 감정은 슬픈 것과는 조금 달랐다. 우선 마음이 너무 평안했다. 기쁘고 걱정이 없어지며 든든한 뒷배가 생긴 듯 했다. 내가 하나님을 만난 것이다. 성령! 성령님이 나를 만지고 계신 것이었다.

'아! 하나님, 이런 기분이군요! 평안하며 마음에 기쁨이 넘쳐 터질 것 같고, 세상의 그 무엇도 부럽지 않은 이 기쁨.'

'오! 이 기쁨 주님 주신 것'이란 찬양이 절로 나왔다. 그렇게 나는 생애 처음으로 성령님을 만났다. 그리고 기도회를 마친 후 전도사님이 나를 보며 말씀하셨다. "은도 얼굴이 엄청 밝아졌네." 하나님을 만나면 얼굴이 밝아진다는 것을 나는 처음으로 알게 되었다.

> "성령과 신부가 말씀하시기를 오라 하시는도다 듣는 자도 오라 할 것이요 목마른 자도 올 것이요 또 원하는 자는 값없이 생명수를 받으라 하시더라"*(계 22:17)*.

> "부르짖으라 내가 네게 응답하겠고 네가 알지 못하는 크고 은밀한 일을 네게 보이리라"*(렘 33:3)*.

첫 번째 전도

수련회를 다녀온 후 받은 은혜를 결실로 연결해야 한다고 다들 흥분 되어 있었다. 그러나 난 전도가 무엇인지 알지 못했고 어떻게 하는지도 몰랐다. 어느 토요일 학생부 집회가 끝나고 다들 전도를 하러 나갔다. 나도 아버지가 사준 휠체어를 타고 맡은 구역으로 향했다. 내가 맡은 구역은 당시에 면목동에 새로 생긴 인라인 스케이트장이었다. 당시에는 그곳을 롤러 장이라고 불렀다. 롤러 장에 들어서자 수많은 사람들이 음악에 맞춰 롤러스케이트를 타는데 정말 장관이었다. 그리고 매우 부러웠다. 나는 여기저기서 삼삼오오 모여 롤러를 타다가 쉬는 남녀 학생들을 공략했다.

하지만 "예수님 믿으세요. 우리 교회에 오세요"라고 모기같이 작은 소리로 말하고 다니니 들릴 리가 없었다. 그래도 나름 열심히 "예수님 믿으세요. 우리 교회로 오세요"를 몇 번을 말하고 다니자 어느 착하게 생긴 여학생이 "그 교회 어딘데요?"라고 대답을 해 주었다. '그래! 전도사님이 한 명만 데리고 오면 된다고 했지!' 나는 즐겁게 "저기 종점 있는 데요"라고 말하며 전도지를 건넸다. "아, 네!" 처음 물을 때와 달리 매우 냉담했다. 나는 무언가 말을 이어가야 하는데 입이 열리지 않았다. 그냥 계속 "우리 교회 오세요. 너무 좋아요"라는 말만 했다. 참 어설픈 전도였다. 실망감만 가득 담고 집에 오는데 당시에 배수펌프장 경사길에서 갑자기 휠체어 바퀴가 부러져 버렸다. 실내용 휠체어로 거친 야외 길을 돌아 다녔으니 충격이 가해져 바퀴의 목이 부러져 버린 것이다.

너무 난감했다. 길거리에서 휠체어 바퀴가 빠지다니... 나는 당황스러워서 어쩔 줄 몰라 했다. 그때 언제나처럼 "하나님, 도와 주세요 어쩌란 말입니까?"라고 기도하며 한참을 넋을 놓고 있었다. 당시에는 휴대폰이 없던 시절이었다. 삐삐도 내가 20대 초반일 때 나온 것이었다. 그런데 갑자기 뒤에서 "은도야! 여기서 뭐해?"라는 소리가 들렸다. 나는 깜짝 놀라 돌아보았다. 아버지셨다. 아버지는 택시 일을 하시기 때문에 여기저기 돌아다니시다가 휠체어가 망가져 바닥에 앉아 있는 나를 보신 것이다. 아니 지금 생각해 보면 하나님이 내 기도를 듣자마자 내가 있는 곳으로 아버지를 보내주신 것 같았다. 그래서 집으로 무사히 돌아 올 수 있었다.

그 후 나는 그 상황이 우연이라고 생각하며 한참을 지냈었다. 그러나 하나님의 자상함에 놀라움을 금할 수 없는 경험을 여러 번 더한 후에, 그 사건은 하나님의 도움이라는 확신을 갖게 되었다. 그리고 두 주 후 예배를 드리려 학생부에 갔는데 어디서 본 듯한 자매가 인사를 했다. '맞아! 롤러 장.' 그때 그 여학생이었다. '하나님, 감사합니다. 내가 어설프게 한 전도도 하나님의 은혜로 결실을 맺게 되는 군요.'

그래서 나는 전도가 폭탄이란 말을 믿게 되었다. 어설프게 한 복음도 던지고 나면 어디서든 터지게 되어있다. 망가진 폭탄은 있어도 망가진 전도 폭탄은 없는 것이다. 그 자매는 신앙생활을 1년 정도 하다가 안 보였지만 지금 어디선가 하나님의 자녀로 살고 있을 것이라고 확신한다. 이 경험은 하나님의 일을 하며 마주하는 환난은 하나님이 지켜보고 계시기 때문에 걱정할 필요가 없다는 것을 알게 된 사건이었다.

그 후에도 언제나 그러하듯, 사역을 하거나 전도를 하려면 교통사고가 나거나, 방문 집회를 나갈 때는 가족이 택시를 타고 가는데 사고가 나거나, 집회 중에 아이가 다치거나, 하는 일들이 생겼다. 이 모두 사역을 방해하는 마귀의 역사였지만 하나님의 은혜로 언제나 잘 넘길 수 있었다. 우리가 꼭 명심해야 할 사실은 살아계신 하나님은 언제나 우리를 불꽃같은 눈으로 살피고 계신다는 것이다. 그래서 도울 자와 징계할 자, 연단을 줄 자를 선별하시며 사역하신다는 것을 잊지 말아야 한다.

"계시는 그 곳에서 땅 위에 사는 사람을 지켜 보신다"(시 33:14).

"그리스도께서는 세례를 주라고 나를 보내신 것이 아니라, 복음을 전하라고 보내셨습니다. 복음을 전하되, 말의 지혜로 하지 않게 하셨습니다. 그것은 그리스도의 십자가가 헛되이 되지 않게 하시려는 것입니다"*(고전 1:17)*.

스물이 넘었는데 아직도 힘드네요

내가 환난 중에서 여호와께 아뢰며 나의 하나님께
아뢰었더니 그가 그의 성전에서 내 소리를 들으심이여
나의 부르짖음이 그의 귀에 들렸도다

오케스트라 예배 준비(꿈의 교회)

스완슨 유지재단 주일 설교사역

아르바이트 인생

대학을 갈 나이가 되어 나는 우리나라 최고의 음악대학에 시험을 보았다. 결과는 낙방이었다. 꽃이 피고 새가 울며 만물이 생동하는 따뜻한 3월인데 나는 갈 곳이 없었다. 따가운 가정의 시선은 물론이고 주위 친구들은 대학생이 되어 나와 놀아줄 친구도 당연히 없었다. 참으로 소외된다는 것이 무엇인지 깊게 알게 된 기간이었다. 그래서 나는 제자들에게 입시에 떨어지면 3월 달에 갈 곳이 없다고 겁을 주며 열심히 연습할 것을 강권하곤 하였다. 막상 그 때를 당해보지 않은 사람은 그 심정을 잘 알지 못한다는 말과 덧붙여서 가르치곤 하였다.

"이제 어떻게 할 거야?" 아버지의 다그치는 목소리가 들렸다. "돈은 돈대로 다 까먹고 아이고, 못살아." 엄마의 목소리도 들렸다. 그간 힘들지만 약간의 레슨비를 보태주신 부모님이 화가 나는 것은 당연하였다. 그러나 지금 생각해 보면 6개월을 제대로 연속해서 주신 레슨비가 없었다. 유일하게 피아노 레슨비를 6개월 주셨고, 플루트는 거의 동냥 레슨과 입시철에 잠시 레슨 받은 것이 전부였다. 나는 음악을 하였지만 어릴 적에는 전공 선생님과 연속적 가르침의 만남은 갖지 못했다. 가난이 음악과는 정말 상극이었기 때문이다.

그러나 그 실패의 터널들을 지나자 하나님은 여러 명의 멘토를 만나게 해주셨다. 그리고 그 멘토들로 하여금 나를 하나님의 일꾼으로 만들어 주신 것을 부인할 수가 없다. 나는 악기를 하면서 부모님의 찬성이나 후원도 거의 없었고, 건강도, 동료도 없었고, 아내 외에는 후원자도 없었다. 그러나 만군의 하나님 아버지가 나를 언제나 도우시고 주변의 사람들로 역사하셨다.

지나고 보면 플루트를 배우는 과정에서 훌륭한 분들을 많이 만났다. 고등학교 시절 아르바이트 대학생 선생님에게 배우기 시작하였으나 그 후 비엔나에서 유학하신 조OO 교수님을 만난 것이 가장 큰 은혜였다. 까칠하시긴 해도 내가 플루트를 어떻게 해야 하는지 긴 세월을 따뜻하게 가르쳐 주셨기 때문이다. 또 안OO 교수님을 만난 것도 축복이었다. 프랑스에서 유학하신 안OO 교수님은 프랑스 음악, 현대 음악 등으로 나를 이끌어 주셨고, 유학 가서는 나의 가방을 들어주고 심부름도 해주시는 따뜻한 게르만인 Muller 교수님도 만났다. 또 현대음악에 해박한 Lench 교수님도 만났다. 이렇게 언제나 매 순간 나에게 딱 맞는 선생님을 만나게 해 주셔서 여기까지 이끄신 것이다.

"그러니까 고등학교부터 기술 배우라고 했더니... 도장 파는 기술이나 배웠으면 좀 좋아!"아버지의 푸념이 계속되었다. 나는 미칠 것만 같았다. '도장을 파며 살아야 하나! 한 평밖에 안 되는 박스 안에서 도장을 판다고 평생!' 나는 하나님께 푸념했다 "어찌하란 말입니까?"라고 수없이 부르짖었다. 그러나 하나님은 침묵으로 답을 주셨던 것 같다. 그러던 어느 날 예배를 드리는데 내 푸념을 다 들으신 하나님의 음성이 들리는 듯 했다.

그 말씀은 설교를 하시던 목사님의 말씀 중에 느껴졌다. "네가 밟는 땅이 모두 너의 것이 될 것이다"라는 말씀이 내 귀에 강하게 들렸던 것이다. 설교 내용인즉 누구나 다 아는 여호수아의 이야기였다. 이 설교를 하시면서 목사님은 기독교인은 누구나 그 노력한 만큼 축복을 받는다고 하셨다. 나는 그 한 시간의 예배에서 또 새 사람이 되어 있었다.

'바로 이거야! 나는 음악을 계속 해야 돼, 내가 잘 하는 것은 음악이야, 시계를 고치고 도장을 팔순 없어, 내가 지금까지 해온 것도 음악이야, 내가 할 것도 음악이야, 내가 가장 즐거워하는 것도 음악이야.'

나는 새로운 사람이 되어 있었다. 눈빛에 힘이 들어가 있었다. 나는 하나님의 말씀에 기대를 하며 세상으로 나갔다. "저는 절대로 도장, 시계 기술 안 배워요." 내 말을 들은 아버지, 어머님은 걱정이 태산이었다. 아버지는 "저게 뭘 믿고 저렇게 지 마음대로 인지!"하며 혀를 차며 화를 내셨다. 그러나 지금은 아버지께서 택시 손님들에게 우리 아들 플루트 연주하는 교수고 목사라고 매일 자랑하고 다니신다. 이것이 하나님의 은혜이다.

내 유일한 교통수단인 삼발이 오토바이를 타고 무작정 직업을 찾아 나섰다. 그리고 동대문 일대 동네를 여기저기 돌기 시작했다. 일을 찾으러 나간 것이다. 그렇게 하루 종일 돌다가 전농동 인근에 여고 앞에 다다랐다. 그 곳에 왠지 사람이 많아 할 일이 있을 것 같았다. 나는 길가에서 흘러나오는 음악에 이끌려 어디론가 무작정 들어갔다. 레코드 가게였다. 어디서 용기가 났는지 나는 그곳에서 무작정 입을 열었다. "여기서 플루트 가르치면 안 되나요?" 지금 생각해 보면 학원도 아니고 음악을 가르치는 곳도 아니었다. 그냥 작은 방이 딸린 레코드 가게였다. 그 가게의 사장님은 20대 후반의 형뻘이었다.

그 다음 주 월요일! 나는 무허가 학원에서 자격도 없는 선생님이 되어 플루트와 기타를 가르치고 있었다. 그리고 1년 후, 나는 신촌 종합학원에서 플루트, 팬 플루트, 오카리나, 하모니카 등등 여러 가지 악기를 가르치는 선생님이 되었다. 내가 레슨을 시작 했다고 하자 그간 알고 지내던 선배 형님이 좀 번화한 지역의 직장을 소개해준 것이다. 플루트 붐이 한참 일어날 무렵 난 하루에 20-30명을 플루트를 가르쳤고 백화점 문화센터에서 강의도 시작하게 되었다. 수입도 좋아졌고 조그만 프라이드 승용차도 몰고 다녔다. 아무것도 모르는 시절이지만 하나님은 무작정 도와 달라는 그 기도에 응답해 주셨다.

그때 그렇게 가르치는 일의 최 일선에서 가르쳐본 레슨 경험은 어떤 문제의 학생이 와도 자세를 교정하고 가르쳐서 진학시키는 능력을 갖게 되었다. 그리고 하나님은 언제나 성경 말씀대로 그분의 말씀을 스스로 지키시는 공의로운 분이시며 자녀 돕기를 주저하지 않는 분이란 것을 알게 되었다.

그렇게 바쁜 20대 초반 시절 나에게 언제나 부족한 부분이 있었다. 바로 학력이었다. 나는 공부를 하고 싶어졌다. 모든 것이 무허가 인생이었기 때문이다. 배움이 부족하여 공부를 하고 싶어지자 하나님은 내 마음을 아시고 다시 나를 신세계로 이끄셨다.

"그 날에 모세가 맹세하여 가로되 네가 나의 하나님 여호와를 온전히 좇았은즉 네 발로 밟는 땅은 영영히 너와 네 자손의 기업이 되리라 하였나이다" (수 14:9).

"이제 내가 너희 앞에 한 천사를 보내어 길에서 너희를 지켜 주며, 내가 예비하여 둔 곳으로 너희를 데려 가겠다" (출 23:20).

용기만 주신 은사님

최 교수님을 만난 것은 잠시 경기도의 신학대학 교회음악과를 잠시 다닐 때였다. 그 분의 수업은 좀 재미가 없었다. 윤리과목이라 그럴 수밖에 없었다. 나는 당시 아버지가 음주 뺑소니차에 교통사고를 당해서 치료비를 자비로 하는 바람에 가정이 극도로 피폐해져 아르바이트를 하루도 쉬지 못하는 때였다. 그래서 학교는 언제나 졸린 눈을 비비고 수업에 참여한 시기였다. 그러던 어느 날 꼭 보충해야할 아르바이트 때문에 수업 출석이 어렵게 되어 교수님께 양해를 구하려고 갔는데 장애를 딛고 열심히 공부하며 일한다고 힘과 용기를 주셨다. 나는 처음으로 용기를 주신 그 교수님이 매우 고마웠고 힘이 났다.

또 어느 날 여전히 힘든 여건으로 인해 얼굴은 불만에 가득 차 있었고 표정은 어두웠다. 그런 나에게 최 교수님은 또 "참 열심히 사는구나, 은도는 곧 좋은 날이 있을 거야"라고 힘을 주시는 말씀을 해 주셨다. 나는 그렇게 용기를 주시는 교수님이 매우 감사했다. 그리고 내 처지가 힘드니 더욱 그 말씀이 와 닿았던 것 같았다. 그런데 유독 최 교수님의 양복이 눈에 들어왔다. 매일 같은 양복만 입으시는 것 같았다. 나는 어느 날 복도에서 교수님을 만나자 "제가 돈 벌면 교수님 양복 해드리고 싶습니다"라고 말했다. 교수님은 크게 감동하며 기뻐하셨다.

그리고 몇 년이 흘러 나는 정신없이 살다가 어느 날 문뜩 최 교수님이 생각났다. 나는 최 교수님을 생각하며 인생 상담을 하러 가야겠다는 생각을 했다. 과일을 사가지고 집으로 인사를 갔다. 인사를 드리며 공부하고 싶다고 하자 도전을 하면 될 것이라고 또 용기를 주셨다. 그 때 부터 최 교수님은 내가 무언가 시도할 때마다 항상 이런 말씀을 해 주셨다.

"은도는 못 말려, 결국 다 할 거야."

나는 그 말씀에 용기를 얻어 명문대부터 다시 시험을 보기 시작했다. 어릴 적 가난으로 플루트를 제대로 공부하지 못한 것이 두고두고 한이 된 것을 풀고 싶었다. 여러 번 안 좋은 결과가 있었지만 나는 떨어질 때마다 전화를 드렸다. 그러면 또 최 교수님은 "허허" 하고 웃으시며 "젊은데 또 하면 되지"라고 말씀하셨다. 그 말씀에 나는 항상 용기를 얻었다.

'나는 플루트가 아닌가 보다'라고 여러 번 낙담 했지만 어느 날 원하는 학교에 합격했다. 세월이 흘러 공부를 하러 유럽에 간다고 또 말씀 드리러 갔다. 교수님은 또 이렇게 말씀하셨다 "은도는 못 말려, 결국 다 할 거야"라고 하며 용기를 주셨다. 어느 순간부터인가 최 교수님을 만나면 힘이 솟아나는 것을 느꼈다.

나는 이런 생각을 해 보았다. 인생을 살면서 방황할 때, 길을 잃을 때, 낙담을 할 때, '하나님이 꿈에 나타나서 용기를 주시면 얼마나 좋을까? 또 양 갈래 길에 놓일 때 이 길로 가라고 알려 주시면 얼마나 좋을까?'라고 생각한 적이 여러 번 있었다. 그러나 그 대신 하나님은 나에게 길을 가다가 힘들 때 상의할 교수님을 보내주셨고, 쓰러지려 할 때 용기를 주는 아내를 보내 주셨다. 그래서 하나님은 사람을 통해 역사하신다는 것을 알게 되었다.

하나님은 언제나 우리에게 여러 가지를 말씀을 해 주신다. 성령으로, 성경으로, 그러나 우리가 그 말씀을 듣지 못하고 그분의 뜻을 알지 못할 때 하나님은 다른 방법을 쓰시는데, 그것이 바로 사람으로 인도해 주시고, 사람을 만나게 하시며, 사람의 입으로 하나님이 말씀해 주시는 경우가 자주 있다는 것이다. 그래서 내가 하나님의 말씀을 듣던지, 성경에서 그 말씀을 발견하던지, 주변의 지인이나 주의 종들에게 듣던지 하지 않으면 길을 잃게 되는 것이다. 나는 이제 말씀으로, 성령으로 내 길을 인도하시는 하나님을 만나고 있다. 오늘은 하나님이 이런 말씀을 하시는 듯하다.

"넌 정말 문제아였단다. 내가 여기까지 데려 오는데 정말 힘들었단다. 이만큼 잘 왔다 싶으면 아직도 어린애 같으니 널 어찌 할꼬..."

"이는 사람으로 혹 하나님을 더듬어 찾아 발견하게 하려 하심이로되 그는 우리 각 사람에게서 멀리 계시지 아니하도다" *(행 17:27)*

"내가 환난 중에서 여호와께 아뢰며 나의 하나님께 아뢰었더니 그가 그의 성전에서 내 소리를 들으심이여 나의 부르짖음이 그의 귀에 들렸도다" *(삼상 22:7)*.

봉사

경수는 마음이 천사 같은 나의 친구이다. 우리는 30년 전 신촌 종합음악 학원에서 만난 스승과 제자 사이였다. 당시에 밀려드는 수강생들로 난 최고로 바쁜 선생이었다. 그 학원은 플루트, 팬 플루트, 하모니카, 오카리나, 기타, 오르간, 드럼 등 안 가르치는 악기가 없는 종합학원인데 나는 여기서 부는 악기를 모두 가르쳤다. 예전에는 이런 학원이 시내에 여러 곳 있었는데 나는 비교적 잘나가는 선생이 되었다.

당시 플루트 학생들 중 일부는 내가 따로 개인 지도를 하여 수입이 좋은 때였다. 그 축복은 하나님의 말씀을 믿고 나아가던 부족한 장애인 젊은이에게 주시는 복이었다. 나는 조금씩 미래를 설계하기 시작하였는데 모두 '어떻게 하면 돈을 잘 벌수 있을까?'가 고민의 전부였다. 당시 1년 전 만난 여자 친구인, 현재의 사모는 나에게 공부할 것을 권유하곤 하였다. 그러나 나는 용기가 나질 않았다. 내가 부족하여 떨어진 S대의 트라우마가 없어지지 않았기 때문이다.

경수는 순수하며 술, 담배를 즐기지 않았고 교회 이야기도 서로 많이 나누었다. 오히려 그때는 내가 자주 술에 취하였는데 그러면 내 차를 운전해서 집에 데려다 주곤 했다. 어느 날 "악기를 왜 배워요?"라고 내가 묻자, " 선교단 하려고요"라고 경수는 대답했다. 나는 매우 놀랐다. "선교단, 그게 뭔데요?" "우리 교회에서 다 같이 악기사서 청년들이 찬양단을 만들어서 전도하기로 했거든요." 난 우스웠다. '저 실력으로! 찬양은 아무나 하나 어릴 적부터 악기를 해야지 지금 해서 어떻게 하려고!' 나는 내심 무시하는 마음이 들었다. 그러나 몇 년 후, 그들은 찬양단을 만들어 교회에서, 지역사회에서 찬양하는 기적이 일어났다.

나는 그때 즈음 신촌에서 가르치며 원 리코딩이라는 작은 기획사에서 대중음악 음반 작업에 잠시 참여 하고 있었다. 여러 가지 악기를 다룰 수 있었고 작곡을 어릴 적에 해둔 것이 인연이 되었다. 그곳은 지하에 사무실을 두고 있는 작은 개인 기획사였는데 나는 친구 B와 젊은 시절 아주 잠시 하고 싶었던 음악을 한 적이 있었다. 그때 여기저기 다니며 여러 음악인들을 만났는데 지금 유명인이 된 김형석(작곡가)에게 편곡을 배운 것도 그때의 일이었다. 그 시절을 지금 회상해 보면 명문음악대학에 실패한 후 가스펠 가수가 되고 싶다는 꿈을 꾼 것 같았다.

나의 이런 음악생활전반을 알고 있는 경수는 색다른 제안을 하였다. 자기가 출석하는 교회가 김포 시골에 있는데 여러 가지 악기를 봐주고 인도해줄 선생이 필요하다고 하였다. 나는 거리도 멀고 주일 오후를 모두 보내야 한다는 생각에 반신반의 했으나 경수와의 인연이 있어 어쩔 수 없이 허락을 한 후 김포를 주일 오후마다 가기로 했다.

구례교회! 지금은 은퇴하시고 근처 모 감리교회 원로 목사님이 되신 민봉식 목사님이 젊은 시절 시무하시던 교회였다. 아직도 나는 그 교회이름을 잊지 못한다. 교인들은 논두렁 옆에 있는 교회로 논일을 하시다가 예배를 드리러 오는 교회였다. 김포평야에 있는 그 교회는 어릴 적부터 그곳에서 자란 청년들이 도회지에 나가서 직장을 다니거나 학업을 하다가 주말에는 모두 돌아와 찬양도 하고 부모님의 농사일도 돕는 순박하고 순수한 신앙이 있는 동네였다.

그때는 그 지역(김포, 강화)에서 악기를 가르치는 일을 6년 동안 계속 하게 될 줄을 몰랐다. 순수한 청년들을 가르치기 시작한 그 찬양단은 김포, 강화 지역에 기폭제가 되어 7-8년 후에는 근처 교회에서 20여개 이상의 찬양단과 관현악 팀이 만들어지는 놀라운 역사가 일어났다. 하나님은 나를 여러 가지 관현악 악기와 리코딩 회사에서 밴드 등을 배우게 하시고 결국 시골교회에서 찬양단을 가르치게 하셨던 것이다.

당시 드럼이 본당에서 연주되기 전인 때였고 플루트는 시골에서 볼 수도 없던 악기였다. 그런데 28년 전 김포, 강화의 시골에서 여러 악기들이 어우러져 찬양을 하는 역사가 일어난 것이다. 주일이면 오전 예배를 드리고 이제는 아내가 된 여자 친구와 같이 김포 들판을 달려 시골교회에 도착하여 두 시간 동안 찬양과 악기를 가르치고 그날 밤 찬양 예배를 드릴 수 있게끔 만들어 드린 후 여자 친구와 서울로 다시 올라왔다. 이런 삶은 결혼 후 첫 아이가 태어난 후에도 계속 되었다. 아이들이 시골 교회 마당에서 기어 다니며 때론 본당의 연습하는 음악굉음을 들으며 성장했다.

지금 생각해 보면 세상에서 배운 음악을 모두 교회에서 찬양하는 일에 쓰시는 하나님의 인도하심에 놀라움을 금치 못하겠다. 그렇게 나를 쓰시는 하나님의 계획은 한 치도 어김이 없었던 것 같았다. 그 세월 동안 내가 찬양과 악기지도를 위해 시골교회를 다닌 지 6년, 나의 나이는 벌써 30이 되어 있었고 두 딸의 아버지가 됐다. 그냥 그들과 하는 찬양과 연주와 가르치는 일이 너무 기쁘고 행복했다. 마치고 서울로 혼자 차를 몰고 올 때면 저절로 찬양이 입에서 흘러나왔다.

"내가 가는 길에 주의 영광 있으리. 영광의 주 함께 하시리. 내가 가는 걸음 주 인도 하시리." 나는 무슨 선교사가 된 듯 눈물을 흘리며 차 창문을 활짝 열고 김포평야를 달리며 큰 소리로 찬양을 하면서 20대 후반 청년시절의 주일 오후를 그렇게 보냈다. 그런데 그 봉사의 보상이 유학으로 연결 될 줄은 꿈에도 몰랐다.

> "찬양하라 하나님을 찬양하라 찬양하라 우리 왕을 찬양하라" *(시 47:6)*.

> "각각 은사를 받은 대로 하나님의 여러 가지 은혜를 맡은 선한 청지기 같이 서로 봉사하라" *(벧전 4:10)*.

이제 어른이 된 줄 알았는데
지나보니 아직 멀었었다

너는 내게 부르짖으라 내가 네게
응답하겠고 네가 알지 못하는 크고
은밀한 일을 네게 보이리라

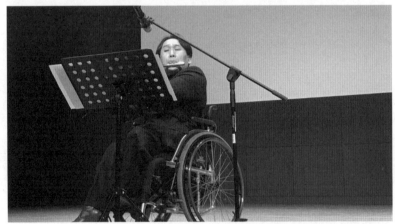

명지대학교 채플 설교 및 연주

평생의 반려자

요한 삼서 2절의 "사랑하는 자여 네 영혼이 잘됨 같이 네가 범사에 잘되고 강건하기를 내가 간구하노라"는 말씀은 89년 봄 여의도 순복음 교회에서 내가 하나님께 받은 말씀이었다. 당시 세상에 대한 원망으로 가득한 젊은 장애인이 우연히 순복음교회 행사 차 방문한 것이 인생의 가장 큰 전환이 되는 은혜가 있었다. 나는 당시 면목동 흰돌 교회에서 신앙생활을 했지만 신앙생활에 불성실하였고, 경건하지 못하였으며, 매일 술로 지내고, 주변 사람들과도 싸우기 일쑤였고, 정말 볼품없는 인생이었다. 그 이유는 간단했다. 여전한 가난, 입시의 실패로 인한 패배감, 부모님의 불화, 아버지의 교통사고로 경제적 어려움, 음악 하는 친구들과의 갈등 등 정말 총체적인 고통이 나를 괴롭혔다.

여의도 순복음교회는 정말 크고 장엄했다. 그런 교회는 처음 가 보았다. 그런데 그 곳에서 우연히 만난 한 자매를 사랑하고 결혼을 하게 될 줄은 꿈에도 몰랐다. 아내를 만난 지 30년이 지난 지금도 나는 풋풋한 그때의 싱그러운 아내의 모습이 생생하게 기억난다. 나에게 아내는 수십 년의 세월이 지나도 여전히 나의 문제를 가려주고, 나에게 용기를 주며, 세상 속에서 승리하도록 도와준 동역자요, 힘의 원천이고 내조자이다.

당시 나는 면목동에서 11시 예배를 마치고 순복음교회의 3시 예배를 여자 친구랑 같이 드리려고 1시간을 삼발이 오토바이를 몰고 갔다. 제사보다 젯밥에 더욱 관심이 있었던 것이다. 교회에 도착해서 여자 친구를 만나 예배를 같이 드리고 한강고수부지 아래를 바라보며 강의 수위 경고 부유물로 설치해 놓은 하얀 백조모형을 보며 예쁘다고 하며 실없는 시간을 보내고 간단히 저녁식사를 한 후 8-9시경 집에 바래 다 주는 것이 우리 데이트의 전부였다.

그때는 대화의 주제가 별것 없어도 좋았고 지금 가보면 허접한 고수부지 주차장 아래였는데도 그때는 그곳이 나의 낭만의 장소였으며 세느 강이었고 베네치아 항구보다 더 아름다웠다. 2년간 우리는 좋은 예배 파트너였다. 그런데 2년 정도 예배를 같이 드리던 어느 날 조용기 목사님의 설교 중 요한삼서 말씀이 들렸다.

"사랑하는 자여 네 영혼이 잘됨같이 네가 범사에 잘되기를 간구하노라."

'내가 잘되길 바란다고? 내가 잘되길 바란다고?' 나는 그 단어에 온 정신이 집중되었다. 지금까지 잘된 것이 하나도 없는데 내가 잘되길 바란다는 것이었다 "그래, 하나님은 내가 잘되길 원하시는 구나!' 나는 순간 눈물이 왈칵 쏟아졌다. 그동안의 고통으로 나의 마음속에 하나님에 대한 원망이 너무도 컸었다. 그런데 내가 잘되길 바란다고 하시는 말씀을 들으며 감정이 복받쳐 오른 것이었다. 고등학교 2학년 때 하나님을 만난 후 용기를 내서 세상으로 나아갔지만 그동안 받은 상처는 이루 말할 수 없었기 때문이었다. 아르바이트한 곳을 정하려면 10군데가 넘는 곳을 다니며 면접을 봐야 했고 카페에서 알바하며 연주를 잘하면 "병신이 제법이네"라는 뒷소리를 들었고, 학원에서 열심히 가르치면 "몸이 저런데 재주가 아깝네"라는 소리를 들었다.

혹시 내가 장애인이라서 새로 등록하는 수강생이 나를 만나면 등록을 하지 않을까봐 원장은 필사적으로 나를 안 만나게 하고 등록을 받은 후 나에게 인계했었다. 또 장애인이기에 월급 계산을 할 때 은근히 수강생 할당제를 낮추어 주려는 계산을 하기도 했다. 내가 아쉬우니 그만 두지 못할 것이란 계산에서 그랬을 것이다.

어느 날은 제자의 악기를 준비해 주러 악기사 사장님을 커피숍에서 만나러 들어갔는데 커피숍 주인이 얼른 오백 원을 쥐어 주며 나가라고 한 적도 있었다. 친구들 간에는 내 악기를 들어주면 계속 들어줘야 한다고 멀리 하라는 말까지 돌았다. 그래서 나는 술을 마실 때가 제일 행복했다. 술을 마시고 상승된 기분은 유일한 위안이 되었다.

그래서 나는 30여년이 지난 지금 제자들의 방황과 세상의 것을 끊지 못하는 성도들, 장년들이 사회에서 받는 스트레스 등을 술로 푸는 것을 가끔 보는데 그 상황을 누구보다도 이해하는 목사가 되었다. 이해는 하지만 목사로 용납하는 것은 아니다. 다만 힘들 때 위안을 삼는 그들의 모습에 안쓰러운 내 과거를 떠올리며 좀 더 이해하게 된 것이다.

그런데 그렇게 엉망으로 살던 나를 하나님은 잘되길 바란다고 하시니 정말 감사의 눈물은 주체하기 힘이 들었다. 그동안 하나님을 원망한 것이 너무도 죄송스러웠다. 요한 삼서의 말씀을 풀어보면 "네 영혼이 잘됨같이"는 이미 내가 하나님의 자녀가 되었으니 구원을 받았다는 것이고 "네 영혼이 잘됨같이 모든 것이 잘된다"는 말씀은 영혼이 구원된 자녀이니 세상 속에서 승리한다는 의미로 풀이되는 말씀이니, 내가 잘 될 수밖에 없다는 의미가 되는 것이다.

나는 처음으로 감사하다는 생각을 하게 되었다. 감사란 단어를 그 전에는 사용하거나 말한 적이 없었다. 그날 처음으로 "감사합니다. 하나님. 감사 합니다. 하나님"이란 말을 연이여 말하고 있었다.

당시 순복음 교회의 3시 예배는 4시에 마치고 1시간 후 5시에 예배가 또 시작 되었다. 그런데 나는 3시 예배 시작부터 5시 예배가 시작될 때까지 그 곳에서 울고 또 울었다. 한없이 흐르는 참회의 눈물이 내게는 약이 되었고 새 생명의 탄생을 알리는 예표의 시간이었다. 그런데 이게 무슨 일인가? 그렇게 긴 시간을 울고 있었는데 간줄 알았던 예배 파트너인 여자 친구가 곁에 있었던 것이다. 그때 까지만 해도 서먹해 하던 사이였다. 요즘 젊은 친구들 말로는 그것이 썸 타는 시기라고 하였다.

당시에는 만난 지가 2년이 되었지만 예배만 같이 드려 서로의 마음을 확인하기 전이었다. 그런데 그녀는 두 시간 반을 곁에서 손을 잡아주고 있었던 것이다. 흐르는 눈물을 닦을 손수건을 주며 내 곁에서 나를 지켜주고 바라보고 있었던 것이다. 나는 순간 너무 창피한 생각이 들었다. 그러자 그녀는 모르는 척 슬쩍 자리에서 일어났다. 나는 진정하고 밖으로 나왔다.

화창한 날씨가 더 화창해 보였다. 그녀는 내게 "배고프지?"라고 자연스럽게 물었다. 난 진짜 배가 고팠다. 애들이 한참 울고 나면 왜 밥을 찾는지 알 것 같았다. 우리는 그날 얇은 주머니들을 털어 신촌에서 맛있는 돼지갈비를 먹으며 환하게 웃었다. 아내가 나중에 한 말인데 그렇게 환하게 잇속을 드러내며 웃는 사람을 처음 보았다고 하였다. 사실 지금에서야 말인데 내가 좀 치아가 고른 편이다. 그래서 플루트를 할 때도 매우 유리했던 것이 사실이다

'그래! 회개는 사람의 얼굴빛을 바꾸는 구나.' 난 고등학교 2학년 때 하나

님을 만나서 밝은 얼굴이 되었다고 말씀하시던 전도사님의 이야기가 다시 떠올랐다. 후일 나와 결혼하여 내 아내가 된 이유를 물었을 때 눈물로 회개하는 순수한 그때 모습에 정이 많이 갔다고 하였다. 그래서 나는 지금도 결혼적령기의 청년들을 만나면 결혼하려거든 교회에서 울면 된다고 간증하곤 한다. 그렇게 내 곁을 지켜 준 여자 친구는 하나님이 주신 인생의 가장 큰 선물인 것을 나중에서야 알게 되었다. 일찍 알았다면 '더 잘해 주고 속 덜 썩였을 텐데...' 하는 아쉬움은 언제나 남게 된다.

신혼집과 사업의 시작

처가의 반대로 헤어지고 만나고를 반복하며 5년을 사귄 우리는 우여곡절 끝에 태릉 푸른 동산에서 결혼식을 올렸다. 그리고 신촌 옆 대흥동의 산동네에 보금자리를 얻었다. 그 산동네는 정말 오르기 힘이 들었다. 지금은 재개발이 되어 흔적도 없지만, 그곳은 주거지역으로는 매우 열악한 곳이었다. 나이가 좀 있는 제자가 있었는데 당시 천 만 원이던 방 한 칸을 칠백 만원에 주었다.

가전은 제자 부모님이 운영하시는 청계천의 가전가게에서, 폐물은 제자 부모님의 보석상에서 아주 간단히 하였다. 이불 한 채와 아내가 힘들게 장만한 장롱, 이렇게 꾸민 신혼살림은 지금도 눈에 선하다.

난 정말 긍정적인 부인을 만났다. 아내는 지금도 긍정적이며 내가 하나

이제 어른이 된 줄 알았는데 지나보니 아직 멀었었다 |

님의 인도를 부인하며 목회자의 삶을 거부할 때 묵묵히 긴 세월을 혼자 성경 공부하며 나에게 힘을 준 든든한 영적 후원자였다. 그때도 아내는 언제나 웃으며 용기를 주었다. 이전의 나의 삶은 사실 성도로서 문제가 많았다. 어릴 적부터 사는 것이 힘들다 보니 성인이 되어서도 부정적이었고, 화를 잘 내며, 즉흥적이었다. 또 화가 나면 술로 풀어야 직성이 풀리는 한심한 남자였다. 아내는 반면 침착하고 신중하게 행동하였으며 유흥이나 술과는 거리가 먼 집안의 여자였다. 나에게는 언제나 긍정적으로 생각하며 조언하는 인성이 바른 여인이었다.

잠언 31장 말씀처럼 정말 '현숙한 여인'이었다. 물론 지금도 그녀의 현숙함은 나의 두 딸을 누구나 칭찬하는 외적, 내적 아름다움을 갖춘 전문직의 딸들로 키워 놓았다. 모든 것이 하나님의 은혜지만 아내의 고생으로 이룬 것을 어찌 부인 할 수 있으랴!

그때 여건은 힘들었지만 신혼이기에 아니, 사랑하는 여인과 같이 해서 매우 행복했다. 처음 받은 월급 30만원은 지금도 기억이 난다. 아무리 25년 전이래도 너무도 적은 액수였다. 나는 돌파구를 찾기 위해 노력했다. 누군가의 도움이 없이는 현 상황이 바뀌지 않을 것을 알고 있었다. 그렇게 몇 달이 지나자 지금의 첫딸을 하나님이 주셨다. 점점 더 무거워 지는 아내의 몸처럼 나의 삶의 무게도 무거워 기도 밖에 할 것이 없었다.

"주님, 나를 축복을 해 주세요. 착하고 예쁜 아내와 뱃속에 있는 저 어린 생명을 제가 잘 키울 수 있도록 축복해 주세요. 네 영혼이 잘됨 같이 내가 잘 되기를 바란다고 하셨잖아요."

나는 매일 기도했다. 그렇게 기도한지 몇 달 후 아내가 거의 만삭이 될 무렵이었다. 나는 동사무소에 간단한 서류를 발급 받으러 가게 되었다. 그러자 직원 분이 내게 말을 건네는데 "혹시 장애인 대출 신청하러 오셨나요?"라고 했다. 나는 귀가 번쩍 뜨였다. '장애인대출?' 내가 묻지도 않았는데 그 직원이 먼저 대출 이야기를 한 것이 지금 생각해 보면 은혜였다. 나는 내용을 듣고 너무 기뻤다. 장애인들의 삶을 돕기 위한 저리 대출인데 당시 5백 만 원이 나온다는 이야기였다. 조건은 5년 거치, 5년 상환으로 연2%의 저리였다. 그러니까 한 달에 5백 만 원의 이자를 8천 원 정도 내고 5년이 지나서 5년 동안 나누어 갚는 다는 조건이었다. 나는 얼른 달려가 아내에게 이 말을 전했다.

"우리 둘이 합쳐서 일터를 갖자!" 당시에 나는 여기저기서 아르바이트를 하던 시절이었고, 피아노를 전공한 아내는 결혼 초 딸아이를 바로 갖게 되어 쉬려 했지만 우린 오백만원을 대출 받아 새 삶을 열어 보기로 했다. 그리고는 집 보증금 700만원을 합하여 1,200만원으로 드디어 우리의 레슨실겸 집을 구하였다. "아! 하나님, 기도를 들어 주셨군요. 나에게 돈을 벌 터전을 주셨군요." 이동이 힘든 나에게 하나님은 집이자 레슨실을 주신 것이다.

나는 그곳이 지금도 기억이 난다. 신림동 긴 시장 통에 2층 상가인데 레슨 실에는 피아노가 4대 있고 안쪽으로 플루트를 가르칠 3평정도 되는 방이 한개 있었다. 그 안으로 다시 문을 열고 들어가면 방 하나에 부엌과 씻을 공간이 있었다. 화장실은 피아노가 있는 홀에 같이 있었다. 물론 모든 것이 하나의 현관문을 통해서 들어 올 수 있었고 우리가 교습하며 살림하기 최적의 장소였다. 그 시절은 살림을 하며 교습을 하는 그런 형태의 학원이 매우 많았던 것으로 기억한다.

그 다음 달부터 우리 부부는 일을 시작했다. 아내는 피아노를 나는 플루트를 각각 가르치기 시작했다. 7명을 인수한 조그만 교습학원은 불같이 일어나기 시작했다. 1년 반 후 우리는 70평이 넘는 장소로 옮겨 아이들을 가르치는 원장이 되었다. 그 과정에서 1500만원을 모 교회 장로님에게 사기를 당하는 시련도 겪었다. 그러나 도우시는 하나님의 손길은 여전했다. 우리 부부는 다시 1년 후 원생이 150여명에 교사가 8명인 대형음악학원의 운영자가 되어 있었다. 작은 교습소를 내고 3년이 된 때였다. 그리고 나는 꿈에 그리던 유학을 가게 되었다. 하나님의 은혜였다.

결혼 잘했다는 말도 항상 쫓아 다녔다. 나는 기쁘고 즐거웠다. 은행 잔고도 늘어나고 어엿한 두 딸의 아버지였다. 아내는 원장님이 되었고 우리는 170여명의 원생을 가르치는 전문음악학원의 주인이 되어 있었다. 우리가 가르치는 아이들은 당시 동네에서 가장 으뜸이었고 모든 콩쿨대회를 다 휩쓸고 어린 나이인데도 여러 명의 제자들을 대학과 예고에 입학시켰다. 내 나이 30에 500만원으로 시작한 성공이었다.

우리 학원은 당시 동사무소에 떡도 돌리고, 동네 어르신들에게 선물도 하고, 야쿠르트 아줌마에게도 입소문을 내 달라며 커피를 타 드리는 등, 동네에서 인정받으려 최선의 노력을 하였고, 가르치는 일에도 소신을 버리지 않았으며, 아내는 부교재로 가스펠 모음곡을 반드시 집어넣어 교육하며 우리가 기독교인임을 잊지 않으려 했다. 우리 부부는 어떤 행사가 있던지 전 교직원이 기도하며 나아갔다. 또한 해당 교육청에서 우수 교육기관 표창을 하여 사회교

육자 표창장도 수여 받았다.

　이런 우리 학원에 등록하려면 언제나 한 달 정도 기다려야 했다. 일단 우리 학원에 들어오면 학생들이 나가지 않아 학원은 점점 더 좋아졌다. 이 모든 것은 하나님의 은혜였다. 결혼 후 그 6개월의 기도, 결혼 전에 만난 요한삼서의 말씀, 또 6년여 동안 시골 교회를 돌며 하던 봉사의 은혜 등 모든 것은 하나님의 말씀대로 행하여 졌다. 그리고 모든 것은 하나님의 자녀가 복 받기 바라는 하나님의 사랑의 마음에서 비롯된 것임을 알게 되었다.

　그리고 복을 받은 이유는 또 있었다. 이것은 영원히 숨기려 했으나 하나님이 하신 일을 다 드러내는 책에서 숨길 수 없는 일이다. 나는 당시 시골 교회에 나가서 찬양을 가르치는 일을 했는데 주변을 돌아보니 악기가 비싸서 찬양을 못하는 교회가 너무 많았다. 나는 믿음으로 1년에 악기 한 세트(*드럼, 베이스, 기타*)를 미 자립 교회에 기증했었다. 물론 돌아보면 그 악기 값은 하나님이 다 주셨던 것으로 기억한다. 다만 내가 먼저 카드로 12개월로 계산하면 하나님은 언제나 후불로 몇 배를 채워 주셨다.

　그때부터 나는 내 꿈을 위해 또 기도하기 시작했다. 기도가 얼마나 무서운 힘을 발휘하는지 알게 되었으니 또 시작한 것이다. '원래 내 꿈인 교수, 음대 교수, 중 3부터 난 음대 교수가 꿈이었지! 그럼 유학을 가야 하는데, 어쩌지, 고생하는 아내, 이제 젖을 띤 두 딸.'

　"하나님 길을 열어주세요. 어찌해야 할까요?"

　나는 또 하나님께 매달리기 시작했다.

"너는 내게 부르짖으라 내가 네게 응답하겠고 네가 알지 못하는 크고 은밀한 일을 네게 보이리라" *(렘 33:3).*

새로운 길로 인도하신 교수님

박무원 교수님을 만난 건 중앙대학교에서 석사 과정을 2학기 정도 다닌 후였다. 명쾌한 강의, 기독교적 관점에서 바라보는 세상에 대한 안목은 나를 깊게 매료시켰다. "여러분 '도'가 뭔지 아세요? 도는 Dominium*(도미니움)*이란 라틴어로 '하나님'이란 뜻입니다. 그러므로 우리는 '도'라고 노래할 때 마다 '하나님, 하나님'이라고 스스로 인정하는 것입니다." 충격이었다. '도'*(도레미파 솔라시도)*가 하나님이란 뜻이라니! 나는 그날 음악이 천국에서 시작되었다고 막연히 생각하던 것을 확인할 수 있는 강의를 들은 것이다.

2학기 말 논문교수를 정하는 데 나는 주저 없이 박무원 교수님으로 결정하였다. 비엔나에서 20여년을 사시며 공부하셔서 독일어, 라틴어 등에도 능통하셨고 무엇보다도 기독교적 관점에서 음악을 풀어나간다는 것이 나에게 크게 작용하였다. 물론 실기를 지도해 주시는 안OO 교수님도 계셨지만 나는 내 인생을 이끌 또 한분의 멘토를 만난 것이 너무 기뻤다. 그 후 나는 그분이 하시는 수업을 항상 수강하며 그분이 갖고 계신 기독교적 관점에서 음악을 접근하는 방법을 깊게 배우기 시작했다.

그러나 그렇게 해박한 지식과 여러 가지 언어를 쓰시는 분이였지만 다른 교수님들의 시기와 빈축을 사기도 하셨다. 나는 그분의 학문에 깊게 매료되어 성격도 말투도 생각도 그분을 따라가는 듯했다. 이런 나를 아내는 매우 불안해했었다. 그 이유는 그 분은 탁월함도 있었지만 독특한 부분이 많으셨기 때문이다. 그러나 나는 그분에게 기독교적 음악관의 전부를 배우게 되었다. 또한 내가 음악사역자가 되기 위해 반드시 알아야 할 것들을 박무원 교수님은 가르쳐 주셨다. 더우기 깊은 인연으로 발전한 이유는 교수님의 도움으로 비엔나에서 6년간 공부 할 수 있었던 길이 열렸기 때문이다.

비엔나는 정말 예뻐요
그래서 더 외로웠어요

이르되 주여 내가 주께 은총을
입었거든 원하건대 주는 우리와
동행하옵소서

자선음악회 가수 이상우님과 협연지휘중

섹소폰 이정식과 함께 지휘자로

비엔나로 여행

4학기가 되면서 연주를 마친 후 논문에 매달릴 때 박무원 교수님은 방학은 언제나 비엔나에 가신다고 하셨다. 그분은 그곳에 집도 있고 친구들도 많이 있다고 하셨다. 나에게 여행 가보지 않겠냐고 물으셨다. 나는 너무 흥분되었다. 그간 박 교수님이 하시는 연주와 오페라 등에 조연출을 맡는가 하면 유럽에서 손님이 오시면 내가 모시고 다니는 등의 쉬운 심부름을 했었다. 한마디로 조교 역할을 하였던 것이다. 물론 그 역할에 대한 보상이라고 생각 할 수 있었는데 지금 생각해 보면 비엔나로 나를 인도하신 손길은 하나님이셨다.

그 이유가 몇 가지가 있는데, 첫째는 6-7년을 시골에서 봉사한 나에게 내가 사랑하는 플루트 공부를 할 수 있는 기회를 주신 것이며, 두 번째는 오랫동안 플루트 실기를 가르쳐 주신 조OO 교수님 또한 비엔나에서 대학을 나오신 분이였기에 내 음악적 기류가 그쪽으로 이미 흐르고 있던 것을 나중에 알게 되었다. 그러니까 나를 이미 비엔나로 인도하시려고 하나님은 비엔나에서 음악학 박사를 하신 교수님과 실기 디플롬을 하신 교수님 두 분을 멘토로 연결해 주신 것이다. 셋째는 나 또한 이전부터 유럽음악의 중심지인 독일을 동경했는데 그 독일 음악의 중심이 독일이 아니고 사실은 비엔나였다는 것이다[1]. 하나님은 내가 이 사실을 모르고 독일을 동경하는데 정확하게 비엔나라는 것을 알려 주셨다.

---

1) 사실 비엔나는 독일 보다 먼저 유럽음악을 꽃피운 독일계 음악의 중심이라고 할 수 있는 곳이다. 모든 음악사의 중심은 언제나 비엔나였다. 그 이유는 우리가 알고 있는 음악가의 90%가 비엔나에서 나거나 활동했기 때문이다.

이렇게 또 하나의 소원을 들어주시기 위해 만남의 축복과 학원을 풍성하게 하시는 물질의 축복을 열어 주시기 시작한 것이다. 그 이유는 당시 내가 아내와 하던 학원이 성장하여 성공을 거두고 있지 않았다면 유학기간중 유럽의 비싼 물가를 감당할 수가 없었을 것이다. 또 비엔나에서 공부하신 분들에게만 배워서 더욱 그곳의 적응에 빨랐던 것 또한 모두 예비하신 은혜였다.

'비엔나! 유럽 음악의 중심 오스트리아 수도 비엔나! 세계에서 가장 살기 좋다는 그곳에 내가 간다고?' 나는 생각만 해도 가슴이 벅차올랐다. 내가 어릴 적부터 사진으로 보며 떠올린 그 음악의 거리, 거리의 악사, 오페라 하우스, 모차르트 동상, 베토벤의 생가, 모든 음악사를 이끈 그 유럽음악의 중심 비엔나! 그곳에 교수님이 같이 가자고 하실 줄은 꿈에도 몰랐다. 나는 아내에게 진지하게 말했다. "거기 가서 조금만 둘러보고 올게. 학원하시는 분들이 단기 연수도 가잖아?" 무슨 말을 해도 말이 안 되는 이야기였다. 이제 젖 뗀지 얼마 안 되는 두 딸을 키우며 학원운영에 힘든 부인에게 혼자서 비엔나로 여행을 간다는 말이다. 사실은 당시의 학원운영은 전적으로 아내가 하고 있었고 나는 여기 저기 인맥을 넓히고 밖에서 레슨을 주로 하는 시기였기 때문에 연수를 간다면 학원의 실질적 원장인 아내를 보내야 하는 것이 정상이었다.

지금 생각해보면 정말 못된 남편이었다. 내가 아내였다면 그냥 "이혼하고 가"라고 했을 것이다. 그러나 내 말을 들은 아내는 이틀 동안 말이 없었다. 깊은 생각에 한숨만 쉬며 열심히 일하는 척 했지만 마음이 매우 복잡해 보였다. 아마 마음속으로 '저 철부지 남편을 어찌 할꼬' 했을 것이다. 그런데 나중에 안 사실이지만 '한 번 가면 계속 갈려고 할텐데, 아니 그곳에서 공부하려고 할 텐데'라는 생각에 아내의 마음이 더 복잡했다고 하였다.

한 달 후 나는 아내의 허락을 받고 비엔나로 떠났다. 비행기를 갈아타며 기다긴 시간까지 18시간에 걸쳐 도착한 비엔나는 밤 11시 경이었다. 서양 사람만 있는 곳이어서 너무 새로웠다. 그때 박 교수님의 친구며 제자들이 모두 차를 끌고 달려 나왔다. 그 차들을 나눠 타고 밤에 비엔나 중심가로 들어갔다. 그분들은 모두 의학을 공부하는 의학도들이며 오스트리안이었다. 그 이유는 박 교수님은 한의학와 음악학을 하신 박사님이셨기에 비엔나에서 침방을 경영하시며 많은 유럽의 지명도 높은 분들에게 침을 놓아주고 계신 대단한 분이었기 때문이다. 나는 그 사실을 비엔나 가서야 알게 되었다.

그래서 그분 주위에는 의사들이 항상 있었고 나도 비엔나 유학기간 내내 의사들의 도움과 치료를 무료로 받은 것이 얼마나 큰 은혜였는지 모른다. 어두운 비엔나의 밤거리였지만 오페라 하우스, 국회의사당, 시청, 왕궁 박물관, 등 유명 건물에는 불을 환히 밝혀 도시가 살아 움직이는 듯 했다. 또 중세 도시를 느끼게 하는 여러 건축물들이 나의 눈을 사로잡았다. 나는 바로크와 고전시대에 와 있는 것 같은 착각에 빠져 넋을 놓고 창밖을 바라보느라 정신을 잃을 지경이었다.

예상 밖의 오디션

비엔나에 도착해 음악의 역사가 있는 장소들을 돌아보며 여행에 흠뻑 빠져있는데 일주일쯤 되던 날, 박 교수님은 악기를 챙기라며 어디를 가자고 하셨다. 도착한 곳은 아주 오래된 건물의 학교였다. 건물정면에는 Konservatorium(콘서바토리움)이란 글이 선명했다. 콘서바토리는 유럽의 음악 기관으로 우리나라로 말하면 음악대학이라는 이름으로 불리는 곳이다. 유럽의 음악교육은 입학한 후에 될 때까지 공부시켜서 연주자로 거듭난 경우 '디플롬'이란 졸업증서를 수여한다. 나중에 안 사실이지만 이 학교는 19세기에 세워진 비엔나 3대 음악대학중 하나이며 세계적으로 이름난 음악가들을 수없이 배출한 학교라고 하였다.

오스트리아의 공부 방법은 원칙을 중시하여 가르치므로 자국민이든 타국민이든 어떤 핸디캡을 갖고 있던 그 나라가 원하는 모든 코스를 마친 후 관계자들이 원하는 수준의 음악이 나올 경우에만 졸업이 결정되는 깐깐하기로 유명한 나라이며 음악기관들이었다. 그래서 세계 최고의 음악의 도시로 정평이 나있다는 것을 실감했다.

나는 박 교수님에게 이끌려 들어갔는데 학장님과 길게 이야기를 한 후 나를 한 시간 동안 연습을 하게하고 오디션을 보게 한다고 말씀을 하셨다. '오디션!'난 매우 놀랐다. 나중에 안 사실이지만 "이 먼 곳까지 그냥 여행으로 왔다 가긴 너무 허무하지 않느냐! 한 달 동안 시간이 있으니 입학이라도 해보고 몇 번 레슨을 받는 것은 어떻겠냐"는 것이었다. 하나님의 은혜였다.

박 교수님은 내가 장애인의 몸으로 어렵게 살며 열심히 공부하는 모습을 보며 뭔가 해주시려는 긍휼한 마음이 생기신 것이었다. 그때 빈 콘서바토리*(Wien Konservatorium, 비엔나 음악 예술 사립 대학교)*에서 만난 학장님은 교수님이 아시는 분이셨고 두 분의 긴 대화 끝에 특별 오디션이 결정되었던 것이다. 나는 여러 가지로 하나님의 역사를 보았다. 한 두 시간 후쯤 세 분의 교수님들이 모이셨다. 임시로 추진된 특별 오디션이었다. 장애인 천국인 오스트리아에서만 있을 수 있는 상황이었다. 아니 하나님의 은혜로만 가능한 자리였다.

그 나라의 배려는 정말 놀라왔다. 물론 박 교수님이 미리 학장님과 통화는 했던 것으로 알고 있었지만 모든 것이 은혜였다. 어쩌면 멀리서 목발을 짚고 온 장애인 플루트 연주자를 그냥 보낼 수 없어서 모인 것 같기도 했다. 또 그분들이 과연 저 몸으로 어떻게 플루트를 연주하는지 궁금해 하기도 했을 것이다. 8000킬로가 넘는 먼 곳에서 온 한 장애인의 플루트 연주, 그 시대만 해도 흔하지 않은 장애인 음악가는 그곳 교수님들의 관심을 사기에도 충분했다.

그러나 나의 연주는 별로였다. 내가 보아도 별로였고 교수님들의 얼굴에도 그 빛이 역력했다. 갑자기 악기를 불라고 해서 그랬고 긴장이 너무 되서도 그랬다. 그리고 하루가 지났다. 박 교수님이 학교에 다시 가자고 해서 갔는데 학장님이 반갑게 맞아주시며 젊은 남자 교수님이 나를 맡기로 했다는 것이다. '오! 하나님, 어찌 이런 일이.' 모든 것이 하나님의 은혜였다. 유럽은 입학을 해도 교수님이 학생을 선택하지 않으면 레슨을 받지 못해 결국 학교를 나와야 하는 곳이다. 교수가 결정되자 나는 여러 가지 부수적 문제를 돕는 분들이 생겨났다. 그러니까 나는 모든 것을 준비해서 입학에 도전한 것이 아니고 입학 허가를 먼저 받고 나머지 부수적 문제를 해결한 케이스인 것이다. 하나님이 하시면 이렇게 순서와 상관없이 빠르고 정확하게 도우신다는 것도 알게 되었다.

그러나 당시 내 학적은 10년 과정에 겨우 4-5학년 정도로 편입된다고 학장님이 말씀하셨다. 그러면 10년이 지나도 졸업이 힘들 수 있다고 주변 분들은 말씀들 하셨다. 한 학년 오르기가 그만큼 힘들단 이야기였다. 그때 학장님 말씀이 실력은 많이 부족해 보여도 그 열정과 지금까지 그 몸에 악기를 한 노력이 대단하다고 하신 것 같았다. 참 감사했다. 너무 감사해서 눈물이 흘렀다. '졸업과 상관없이 입학만 해본 것도 어디야'라고 나는 생각하며 기뻐했다.

그래서 만난 분이 Muller 교수님이셨다. 그분은 바로크 전문 교수였는데 꽁지머리를 하고 하얀 얼굴의 전형적인 게르만 인이었다. 그 분은 300-400만 원 정도밖에 안 되는 악기로 골드를 갖고 있는 나보다 더 아름다운 음색을 내셨으며 그 분의 연주를 듣고 있으면 18세기에 있는 착각이 들 정도였다. 참 감사했다. 그렇게 흠뻑 비엔나에 취해 돌아온 것이 나의 6년여 공부의 시작이 될 줄을 꿈에도 몰랐다. 나는 그때까지는 그저 한 달만 다녀오는 것이 목표였기 때문이었다. 그러나 그 후 유럽행 비행기를 왕복 20번을 타며 비엔나를 내 집처럼 다녔다. 방학이 되면 한국에서 열심히 돈을 벌었다. 또 하나님이 채워주시는 것을 뼈저리게 느꼈다.

개학이 되면 한 달 정도 늦게 비엔나로 돌아갔다. 가야 되나 말아야 되나 매번 고민해서 늦어 졌고 아내의 고생이 마음이 아파 선뜻 떠나지 못했다. 또 한 일찍 가면 체류비가 많이 들어 나름 머리를 쓴 것이었다. 그러나 고민 끝에 결국은 또 비엔나 행의 비행기를 타고, 또 타고 해서 6년 동안 피나는 고생을 하였다. 사실 나의 이런 여정은 성품이 좋으신 담당 교수님의 배려가 있어서 가능했었다. 아내는 언제나 지친 모습으로 학원을 챙기며 나를 한결같이 뒷바라지 해 주었다. "당신은 하나님의 음악을 해야 돼! 그래서 내가 참는다." 그 말은 내게 큰 위안이 되었지만 큰 상처도 되었다. 남편의 유학 뒷바라지를 하는 아내, 그것도 애 둘을 키우며 돈 벌며, 나는 이런 황송하며 처절한 뒷바라지를 받으며 10년 과정을 6년에 마칠 수 있었다.

돌아보면 정말 모든 것이 하나님의 은혜였다. 지금 생각해 보면 철부지 같은 모습이었다. 유럽에서 그것도 엄격하기가 세계 최고인 비엔나에서 동양인 장애인이 정규과정을 그것도 10년(*대학 4년, 대학원 4년, 최고연주자 과정 2년*)과정을 마치게 된 것이 우연이 아니었다. 나는 하나님께 여쭈어 보았다. "하나님 내게 왜 이런 축복을 주셨나요?" 며칠 동안 묻고 또 물었다. 어느 날 작은 음성이 내게 들리는 듯 했다.

"너는 먼저 6년여 동안 시골 김포 강화 지역을 다니며 나의 교회를 섬기고 나를 찬양하는 자들을 키워 주었잖니!"

"내가 좋아서 한 일인데, 하나님 그것을 기억하고 이런 축복을 주셨군요.

"그래서 너도 6년간 비엔나에서 공부할 기회를 만들어 준거란다."

"감사합니다. 감사합니다."

나는 그때 하나님의 일에는 공짜가 없다는 목사님들의 말씀이 절절히 다가왔다. 만군의 여호와, 이 세상 모든 것의 주인이신 아버지께서 그분의 사역과 일을 하는 사람에게는 절대로 그냥 넘기지 않으신다는 것을 알게 되었다. 하나님의 은혜는 이것이 마지막이 아니었다. 나의 삶에서 하나님의 역사는 언제나 일어났으며 모든 기적은 나를 긍휼이 여기시는 하나님의 일하심이셨다.

"나의 하나님, 내가 이 백성을 위하여 하는 모든 일을 기억
하시고, 은혜를 베풀어 주십시오"*(느 5:19).*

현숙한 부인

내게 유학은 꿈같은 세월이었지만 아내의 고통은 말로 다 할 수 없었다. 어린 두 딸을 양육하며 백 수십 명의 학원생을 가르치고 관리하며 10여명의 직원을 이끌고 내 유학비를 조달하는 수고는 말로 다 할 수 없었을 것이다. 내가 없었던 어느 겨울, 눈이 펑펑 와서 온 세상이 하얗게 덮인 날이었다고 한다. 모든 사람들이 차량을 두고 걸어서만 다니던 날이었는데 아내는 아이들을 유치원에 데려다 주고 출근하는 과정에서 힘든 고생을 하였다고 한다. 어린 두 딸을 양손에 잡고 한 시간 반 동안 그 눈길을 뚫고 걸어서 아이들은 유치원에 데려다 준 후 학원에 도착했다고 한다.

그런데 학원 입구에는 아이들과 엄마들이 수 십 명이 줄을 서서 아내에게 항의를 했다고 한다. 너무 늦게 문을 열어 많은 원생들이 추위에 떨며 기다리자 부모님들이 달려와 다들 화가 났던 것이다. 또 한 번은 학원주방에 보일러

가 터져 학원전체가 물바다가 되었는데 책 배달을 온 세광 출판사 배달 과장님이 물을 퍼 주었다고 한다. 또 어느 여름학기에는 공부를 하고 방학이 되어 한국에 돌아오자, 큰딸 아이의 무릎에 꿰맨 수술자국이 보였다. 무릎이 다 찢어져 피를 흘리며 유치원에서 아이가 돌아오자 그 딸을 데리고 병원에 가서 꿰맨 후 회복실에 어린 딸을 혼자 두고 학원에 다시 가서 아이들을 가르쳤다고 했다. 그리고 밤에 잠을 청하려면 알 수 없는 두려움도 참아야 했다고 한다.

그렇게 지내다보니 외로움은 사치였다고 했다. 그 고통의 세월을 나는 아내에게 다 갚지 못한다. 아내의 고생은 하나님의 계획에 있었을까? 혼자 외롭고 슬프고 몸이 고단해도 투정을 받아 주며 안아줄 남편이 없던 그 시간들을 힘들지만 담대히 견뎌준 아내의 보상은 과연 무엇일까? 지금도 알 수 없는 하나님의 섭리에 때론 의문이 갈 때가 있다.

아내와 살면서 가끔 처음 만날 때 2년간 여의도 순복음 교회에서 같이 예배드리며 보냈던 시간을 생각하곤 한다. 우리는 만나서 교제보다 같이 예배드리는 것이 먼저였다. 그리고 서로 사랑을 하게 되었는데 그래서 알게 된 것은 신앙으로 먼저 맺어진 부부는 고난이 와도 배우자를 위해 견디고 기도한다는 것을 알게 되었다. 그래서 나는 지금도 집회를 나가면 사모 자랑을 하는 팔불출 목사로 살고 있다. 그 이유는 아내가 고생한 시간은 하나님의 칭찬을 들어 마땅하기 때문이며 아내의 뒷바라지는 사실 하나님의 은혜였으므로 내가 팔불출이 될수록 하나님이 하신 사역이 드러나기 때문이다.

나는 그렇게 아내의 사랑을 듬뿍 받고 공부했다. 부모에게 받지 못한 자상한 뒷바라지를 아내가 대신 해 준 것이다. 그래서 아내가 "당신은 하나님 일을 해야 되니까 공부해야지"라고 한 말을 철떡 같이 믿고 살았다. 그런데 몇 년 전 신학교 다닐 때 아내와 크게 말다툼이 있었다. 말다툼의 원인은 언제나 시댁이었다. 내가 아무리 고생해도 냉담한 부모님, 그 부모님에 대하여 불만과 서운함을 가득 품은 아내가 그날 자기의 심정을 처음으로 고백하였다.

원래 부부 싸움은 가벼운 소재로 시작하여 시국 전반을 다루며 싸우다 끝나는 것이 수순 아닌가? 아내는 나의 유학을 도운 이유가 "하나님의 큰 뜻을 이루라는 것보다 그저 사랑하는 가족이 한다고 하니까 어쩔 수 없어서 협력해준 것이다"라고 말하며 서럽게 우는 것이었다. 그리고 자기는 그저 평범하고 약한 여자라고 하며 울음을 멈추지 않았다. 유학을 뒷바라지 한 고통에 대한 회포를 유학을 마친지 10년이 다 되가는데 풀고 있는 것이었다.

나는 큰 충격에 빠졌다.

'맞아! 평범한 남편에 대한 아내의 사랑이었구나!' 가족에 대한 사랑, 남편이며 아이들 아빠에 대한 사랑, 힘들게 이룬 가정을 예쁜 아이들과 같이 만들어 가려고 헌신하는 여자, 이것이 진실이구나. 나는 너무도 부끄러워 쥐구멍이라도 들어가고 싶었다. 하나님 사역을 하라고 도와준 줄 알았는데 그저 아내는 남편에 대한 사랑과 순종이었던 것이다. 나는 이 희생을 영원히 갚지 못할 것을 알고 있다.

그래서 농담으로 "내가 돈 많이 벌어 놓고 일찍 죽을 게! 그럼 당신 나 때문에 못 해본일 다 해보고 편히 살다 천천히 와요"라고 말을 하곤 한다. 나 때문에 고생했는데 내가 무엇을 해줘도 짜증날 것 같아서 자격지심에 하는 말이다. 그런데 지금은 음악가보다 더 힘든 목사로 사니 아내에게 또 면목이 없다. 그러나 아내는 직접 다 보상해 주고 하나님에게 가라고 말하곤 한다. 나에게는 이런 현숙한 여인이 있어 지금까지 올 수 있었다.

> "누가 현숙한 여인을 찾아 얻겠느냐 그의 값은 진주보다 더 하니라"*(잠 31:10).*

비엔나에서 만난 하나님

비엔나에서의 삶은 나의 긴 정신적 방황에 종지부를 찍기에 충분한 시간이었다. 고통이 사람을 성숙하게 한다고 했던가? 가난과 배고픔 그리고 외로움이 사람을 겸손하게 한다고 했던가? 언제나 나의 몸은 고되고 배는 고팠다. 또 예쁜 두 딸과 아내와 살다가 혼자 지내는 긴 시간은 외로움과의 싸움이었다. 매일 밤 가족을 그리며 침상을 눈물로 적셔야 잠이 들었고 남들에게 평범한 시장 보기, 밥해 먹기, 청소 등과 짐을 들고 내리고 나르고 하는 평범한 일상이 1급 장애인인 나에게는 너무 힘든 일이었다.

처음 얻은 집은 200년 가까이 된 집이라고 하였다. 그래서 당연히 리프트가 없었고 계단을 오르내려야 했다. 식료품을 사서 집에 와서 현관부터 목발을 짚고 난간에 의지하여 짐을 들고 계단을 올라온 날은 언제나 어깨가 으스러지게 아팠다. 덕분에 지금은 어깨 관절염이 매우 심하게 되었고 목 디스크, 허리 등의 통증이 점점 더 해 간다. 혼자서 시장보고 밥해 먹고 학교 다니고 연습하고 하는 외국 생활은 나에게는 그야말로 전쟁터요 눈물 바다였다. 그때마다 나는 유럽의 차가운 돌바닥에 주저앉았다. 어깨는 으스러지게 아프고 평생 걸으며 힘을 버텨준 오른쪽 무릎은 고통이 심해서 밤마다 냉찜질을 해야 했다.

나는 두 다리와 허리까지 힘이 없는 1급 소아마비였다. 쓸 수 있는 것은 오로지 오른쪽 발목과 엄지발가락을 조금 움직일 수 있는 것이 전부였다. 겨우 이 오른쪽 엄지발가락의 힘을 살리기 위해 수술을 해서 오른쪽 발에 몸의 90%를 의지하여 목발을 짚고 걷는 형태를 만든 것이다. 그래서 목발로 보행을 하지만 양 어깨와 오른쪽 무릎이 다 감당해야 하기 때문에 무릎은 항상 부어 있었고 통증에 시달렸던 것이다. 더구나 바닥이 불규칙한 돌바닥으로 이루어진 중세 도시는 보행을 더욱 힘들게 했으며 목발에 부착된 미끄럼 방지 고무는 한국에서 1년에 한 번 교체 했는데 유럽에서는 보통 한 달에 한 번씩 교체해야 할 정도로 닳아 없어졌다.

지금은 그때의 고통으로 결국 휠체어를 타게 되었지만 당시 얻은 몸의 상처는 무릎과 어깨의 통증과 또 목 디스크(*틀어진 몸으로 많은 시간을 걸었으므로 목이 틀어짐*) 등을 달고 살게 되었다. 하루는 필요한 악보를 사러 나간 적이 있었는데 도저히 악보 가게를 찾을 수가 없었다. '내일 레슨을 받아야 하는데 이 책을 어디서 산단 말인가!' 차를 몰고 얼른 가서 악보를 살 수 있던 한국이 너무 그리웠고 편했다는 생각이 들었다. 또 그 삶에 감사하지 않았던 생각이 났다. 나는 허기가 져서 케밥을 사들고 한 입을 먹었는데 목이 멨다. 담당 교수님이 내준 숙제로 악보를 사야 하는데 그분이 알려준 악보를 살 길이 없었다. 벌써 비엔나에서 온지 2년이 지났지만 여전히 낯설었다.

케른트너 스트랏세(케른트너 거리, 중심가)에서 가끔 만나는 관광차 온 한국 사람들은 너무도 즐거워 보였다. 그러나 가족과 떨어져 혼자 있는 비엔나는 언제나 차가운 북유럽의 쓸쓸함만 나에게 주던 도시였다. 귀국 후 아이들이 대학에 다닐 때 다시 아이들과 아내와 비엔나를 찾았는데, 그때는 비엔나가 얼마나 아름다운지 6년 동안 보지 못한 아름다움을 마음껏 보게 되었다. 내가 외롭고 힘들어 그 아름다움이 보이지 않았던 것이다.

악보사를 찾아 헤메이다 벌써 해가 뉘엿뉘엿 지고 있었다. '벌써 해가 져, 그래 동절기지!' 북유럽은 겨울에 밤이 매우 빨리 온다. '악보 가게도 금방 문을 닫을 텐데 빨리 찾지 못하면 내일 소중한 한 주에 한 번인 레슨을 망친다. 하나님, 도대체 악보가게가 어디예요? 도저히 못 찾겠어요.' 케밥을 두 번째 물고 팍팍하게 씹는데 길 건너에 이상한 모양의 그림이 있었다. 높은 음 자리 표 같은 모양인데 분명 음악과 관계된 것 같았다. '그래 저기 가서 물어보자!' 길을 건너는데 가게의 간판이 이제 선명하게 보이기 시작했다. 악보 가게였다. 두 시간동안 어깨와 다리가 으스러져라 걷고 있었던 그 길가 바로 옆에 필기체로 쓰여 진 악보 간판을 보지 못했던 것이다. 우리나라처럼 표식이 되지 않아 못찾았던 것이다. "하나님, 감사합니다." 작은 푸념 한마디를 들으시는 하나님! 나는 '주만 바라 볼찌라'라는 찬양의 '나의 작은 신음에도 응답하시고'란 가사가 저절로 떠올랐다.

나는 그 날 하나님이 얼마나 가까이 계신지 또 알게 되었다. 악보를 사러 들어갔는데 점원의 말에 나는 더욱 감사함을 느꼈다. 사려던 그 악보는 없었다가 한 시간 전 입고되었다는 것이다. 타이밍도 끝내주시는 하나님, 우리가 기도를 하면 때가 되면 결국은 들어 주시는 하나님, 모든 것을 다 가지면 버릇없는 어린아이가 될까봐 다 주시지 못하는 하나님, 나는 자상하게 웃고 계신 하나님을 유럽의 한 복판에서 또 만났다. 악보를 사가지고 나오며 누군가 나와 같이 걸어가듯이 말을 하며 걸었다.

"왜 진작 안 알려 주셨어요?"

"악보가 오는 중인데 시간이 필요 했잖니!"

"그럼 제가 먼저 가서 가게 안에서 기다리면 되잖아요?"

"그 악보가 한 시간 후에 도착 하는 것을 점원도 모르고 있었단다. 네가 그 악보를 찾았다면 없으니 다음에 오라고 했을 거야."

"아하! 그럼 내가 악보를 못 사고 돌아설까 봐요?"

"그래, 넌 내일 레슨이 중요하잖니! 나에게도 너의 한 번의 레슨이 중요하단다."

"네, 그래도 다음부터는 빨리 좀 알려 주세요 속 타고 힘들었잖아요?"

"어허, 아직도 투덜거리니. 빨리 가서 저녁 먹고 연습이나 하거라!" "네."

"이르되 주여 내가 주께 은총을 입었거든 원하건대 주는 우리와 동행하옵소서" *(출 34:9)*.

안구 건조증

유학 3년차였던 때로 기억한다. 비엔나의 5월은 아름다운 장미꽃이 만발하는 계절이다. 아름다운 봄의 비엔나는 세계 최고의 전경을 자랑한다. 비엔나와 모차르트의 고향 잘츠브르그는 4월부터 10월까지 최고의 관광시즌을 맞는다. 남들이 즐거울 때 혼자 있던 나는 더 외로웠다. 날씨가 좋으니 더 외롭고, 사람이 많으니 더 외롭고, 사람들이 즐거워 하니 더 외로웠다.

"하나님, 저는 왜 이 좋은 나라에서 이 좋은 계절에 오고가는 세계 각국 사람들을 보며 외로워해야 하나요?"

하나님은 언제나 답이 없으셨다. 그 아름다운 계절에 그 나라 사람들도 가장 두려워하는 것이 바로 꽃가루였다. 꽃이 아름답고 큰 나무들이 시내 곳곳에 서 있는 자연경관을 가진 나라, 시내에서 몇 시간만 나가면 세계에서 가장 아름다운 풍광을 자랑하는 알프스가 있는 나라, 그 반면에 꽃가루로 인한 알레르기 또한 강력했다. 사람들이 얼마나 재채기를 많이 하고 코를 곳곳에서 풀어대는지 모든 관공서, 커피숍, 마트 등과 거리는 코푸는 소리로 진동하였다[2].

나는 원래 눈이 좋은 편인데 건조증이 조금 있었다. 어느 날 부터인가 꽃

---

2) 유럽인들은 원래 코를 공공장소에서도 크게 푼다.

가루의 영향인지도 너무도 눈이 가려워 비빈 눈은 충혈이 되었고 실핏줄이 터져 따가워 아무리 냉찜질을 해도 나아지지 않았다. 잘 때면 약간 고통이 가라앉다가 새벽에 다시 시작되어 밤을 꼬박 새우곤 했다. 또 눈이 아파서 악보 보는 것도, 책을 보는 것도, 연습하는 것도, 불가능했고 눈은 퉁퉁 부어오기 시작했다. 그렇게 꽃가루가 나를 괴롭히기 시작한지 5일, 나는 눈병 환자가 되어 아무것도 하지 못하고 고름 같은 끈적끈적한 눈물만 흐르고 있었다.

병원을 가야 된다는 생각이나 엄두도 나지 않았다. 가끔 오는 아내의 전화에는 그저 괜찮다는 말로 얼버무리고 있었다. '아! 이렇게 아프다 장님 되는 거 아닌가?'라는 걱정이 들 정도였다. 주일 아침이 되었다. 내가 비엔나에서 다닌 첫 번째 교회는 순복음 비엔나 한인 교회였다. 그 교회는 나기창 목사님이 시무하시는 교회였고 조금 마르고 작은 체구이지만 조용기 목사님을 만나 후원을 받고 비엔나에 지교회를 내시고 지금껏 외로운 유학생과 주재원들의 보금자리로 키워 오신 귀한 분이셨다.

주일 아침 교회에 들어서자 중앙에는 박 교수님과 같이 한국에서 가져온 십자가가 눈에 들어왔다. 예배는 한 시간 반 정도 진행 되는데 나는 한국에서 가져온 그 십자가를 보자마자 갑자기 울컥하며 눈물이 터져 나왔다. 그 날에는 하나님이 주시는 말씀도 귀에 들리지 않았고 그냥 은혜만 한없이 주셨다. 나는 눈물이 나오는 도중 눈물을 닦으려 손을 눈에 대면 깜짝 놀랐다. 눈물이 얼마나 뜨거운지 내 손을 의심할 정도였다. 눈에서 흐르는 눈물이 가스불로 뜨겁게 데워서 나오는 물같이 뜨거웠다. 그렇게 뜨거운 눈물을 흘린 것은 내

평생 처음 있는 경험이었다.

　나기창 목사님은 설교를 하시며 계속 울고 있는 모습에 간혹 눈길을 맞춰주시고 고개를 끄덕여 주셨다. 나는 그 순간에는 그 뜨거운 눈물의 의미를 알지 못했다. 그저 집 나와서 고생하니 '눈물이 더 흐르는 것이겠지'라고 생각했다. 또 한국에서도 은혜를 받으면 눈물을 흘린 터라 '은혜를 받아서겠지'라고 생각했다.

　예배가 끝나고 유학생들과 친교를 가지며 그리운 한국식 고추장 비빔밥으로 식사를 했다. 식사를 마치고 교회를 나서서 버스를 타려고 한참을 기다리는데 알게 된 사실이 있었다. '어! 이상하다. 눈이 안 따갑네! 이제는 안 가렵네! 눈이, 눈이, 괜찮아 졌네! 눈이 왜 괜찮아 졌지?' 교회 올 때만 해도 뿌연 시야로 눈이 퉁퉁 붓고 눈알이 빠질 것 같은 통증에 주체 할 수 없었는데 그때 나는 문득 교회에서 흘린 뜨거운 눈물이 생각났다. 그래 한 시간 반 동안이나 흘린 뜨거운 눈물, 그 눈물에 꽃가루 알레르기는 다 씻겨 내리고 그 눈물이 나의 눈을 회복시킨 것이다. 십자가의 눈물, 십자가를 쳐다보기만 하고 흘린 눈물이 눈병을 치료한 것이다. 십자가는 회복이었다. 주님은 내가 병원 가기도 불편한 그 고통을 아시고 뜨거운 은혜를 주셔서 눈물로 눈병을 한 번에 고쳐 주신 것이다.

　그래서 나는 지금도 교회에서 울면 모든 것이 다 해결된다고 말하곤 한다. 사실 성경 속 인물 중 성전에서 울어서 성공 못한 케이스가 없다고 나는 생각한다. 사무엘의 엄마 한나도 울어서 은혜를 받았다. 밧세바 사건으로 인생의 중대 고비를 맞은 다윗도 울면서 회개하여 위기를 넘겼다. 히스기야 왕도

울면서 기도하여 수명을 15년 연장 받고 앗수르의 185,000명을 이겼다. '예수 님도 때로는 울기도 하셨네'라는 찬양이 있듯이 하나님 앞에서 진실된 눈물은 하나님의 마음을 움직이게 하는 도구라 생각한다.

　나는 눈물이 좀 많은 남자이다. 불쌍한 사람을 보거나, 슬픈 드라마나 성도들의 마음 아픈 이야기 등을 들으면 곧 눈물이 터진다. 아내는 좀 주책이란 말을 하는데 사실 아내는 더 잘 운다. 내가 목사가 된 이유가 이런 긍휼의 성격이 있기에 하나님이 부르신 것이라 생각한다. 현대 기독교인은 눈물이 너무 부족하다. 그 이유가 무엇일까? 아마도 축복을 많이 받았기에 간절함이 없어서 눈물이 더 부족한 것 아닌가 생각해 본다.

> "이르시되 너희가 너희 하나님 나 여호와의 말을 들어 순종하고 내가 보기에 의를 행하며 내 계명에 귀를 기울이며 내 모든 규례를 지키면 내가 애굽 사람에게 내린 모든 질병 중 하나도 너희에게 내리지 아니하리니 나는 너희를 치료하는 여호와임이라" *(출 15:26).*

> "그는 육체에 계실 때에 자기를 죽음에서 능히 구원하실 이에게 심한 통곡과 눈물로 간구와 소원을 올렸고 그의 경건하심으로 말미암아 들으심을 얻었느니라" *(히 5:7).*

지독한 감기

비엔나의 겨울은 북쪽 스칸디나비아 반도에서 불어오는 살을 파고드는 듯한 바람을 맞아야 하는 계절이었다. 반면 여름엔 백야가 펼쳐져 밤 11시까지 야외 연주를 하는데, 동절기에는 모든 것이 일찍 끝나고 모든 것이 삭막했다. 그래서 겨울에 북유럽을 찾는 것은 매우 쓸쓸함을 경험하게 되는 결과만 초래한다. 그런 비엔나의 겨울을 나는 6번을 보냈다.

지금은 아침저녁으로 반신욕을 해야만 몸이 풀리고 혈액순환이 되는데, 그 때는 욕조가 없는 곳이 많았고, 때론 샤워 시설도 변변치 않은 싸구려 방에서 몸을 누이며 지냈던 시간들이 많았다. 어쩌다 여유가 생기면 펜존(*우리나라 모텔수준*)으로 샤워하러 가곤 했던 기억이 생생하다. 언제나 플루트 실기를 연습해야 할 곳을 먼저 찾다 보니 시외 외곽으로 방을 주로 얻게 되었다. 나는 총 6년간 5-6번의 방을 얻고, 방을 얻지 못하면 연습이 가능하다고 허락하는 모텔(*펜존*)에서 두 달을 보낸 적도 있었다. 가장 중요한 것은 연습이기 때문에 연습에 방해되는 요소는 무엇이든 배제한 것이었다.

그러던 어느 겨울 날, 나는 감기에 심하게 걸려 물도 못 먹을 정도로 기력이 없었다. 지금도 기억이 난다. 화요일이었다. 화요일부터 정확히 화, 수, 목, 금, 토 이렇게 5일을 끙끙 앓았다. 아픈 것도 문제지만 밖을 나가지 못해서 음식물이 다 떨어졌었다. 또 해먹을 기운도 없었다. 나는 당시 무거운 것을 들지 못해서 조금씩 매일 시장을 보며 먹고 살고 있었다. 금요일이나 토요일부터 아파서 교회에 못 갔다면 아마 목사님이나 다른 분들이 연락을 했거나 찾아 왔을 텐데, 화요일부터 아팠으니 며칠 앓다가 못 먹어 탈진 할 수도 있다는 생각에 두려움이 몰려왔다.

유일한 연락 수단인 핸드폰도 카드 충전 방식이라 요금이 떨어져 어차피 내가 나가서 카드 구입 후 충전을 해야만 사용이 가능하였다. 너무도 외롭고 힘들었다. 아마 하루에 한 번 전화를 하던 내 아내도 '지금쯤 애가 타고 있겠구나!'라고 생각했다. 나는 손가락 하나도 움직일 힘이 없었다. 먹은 것도 없는데 열은 펄펄 오르다가 내리다가를 반복했다 몸의 열을 내리려고 할 수 있는 일은 차가운 마룻바닥에 잠시 누웠다가 일어나는 것뿐이었다. 그 방은 신학을 공부하러 오신 권OO 목사님이 가정 사정상 일시 귀국 하시며 빌려주신 방이었다. 나는 그 방에서 기도를 했다.

"하나님, 저 이렇게 죽을 수도 있나요? 이렇게 여기서 죽으라고 여기까지 보내셨나요? 제가 여기서 이렇게 죽으면 아내와 두 딸은 어찌하죠? 중학교 3학년부터 내 꿈은 음대 교수인데 교수도 못되고 부모 반대 무릅쓰고 나를 선택한 우리 아내는 어떻게 살죠? 나는 가장인데 이제 걸음마하는 둘째 딸은 누가 키우죠?"

기운도 없는 몸을 이끌고 혼자 눈물을 흘리며 울고 있었다. 먹지 못하고 계속 연습만 하다가 추운 겨울을 보내며 걸린 독감은 내 몸과 마음, 모든 것을 파괴하고 있었다. 그때 방바닥에 나뒹구는 낡은 카세트 테이프를 하나 발견하였다. 방주인이 자기 짐을 모두 베란다에 모아 두었는데 테이프를 흘린 듯 했다. 틀어보니 가스펠이 잔득 있는 낡은 테이프였다. '주만 바라 볼지라,

내게 있는 향유옥합, 저 멀리 뵈는 나의 시온성' 등 주옥같은 예전부터 알고 부르고 가르치던 곡들이었다. 그 중 '내게 있는 향유옥합' 이란 곡이 깊게 마음에 들어왔다.

나는 금요일 오후부터 그 테이프를 계속 듣기 시작했다. 눈물을 흘리며 가사 한 줄 한 줄을 씹어 먹는 마음으로 100번, 200번 수없이 늘어지도록 이틀을 들었다. '내일은 주일이야. 내가 교회 안 가면 목사님이나 교인 분들 중에 누군가가 나를 찾아 오실거야.' 그렇게 기대하며 나는 그 테이프를 토요일 늦은 밤까지 들으며 지친 몸과 마음을 잠에 맡겼다.

다음날 기적이 일어났다. 7시경 눈을 뜨는데 이상하게 몸이 가볍게 느껴졌다. 열도 내린 듯 했다. 목이 너무 타들어 갔다. 먹을 것은 날짜가 지난 요구르트와 포도주스 반병이 전부였다. 모두 마셔도 입이 타들어 갔다. 오스트리아는 수돗물을 바로 먹을 정도로 물이 깨끗하다. 물론 석회가 섞여 나온다고들 하지만 물 상태는 매우 좋았다. 수도꼭지에 입을 대고 물을 퍼먹기 시작했다. 물이 달았다. 왜 물을 생명수라고 하는지 알게 되는 순간이었다.

'밤새도록 들은 찬양이 나를 치유한 것인가?'라는 생각이 들었다. 몸은 가볍고 감기 기운이 없어지자 배가 너무 고팠다. 얼른 옷을 입고 피자 집 앞에서서 피자를 한쪽 먹고 교회로 향했다. 교회로 가는 길에 나는 계속 '내게 있는 향유 옥합'을 흥얼거리고 있었다. 그 찬양들이 나를 치유한 것이다. 또 그 밤에 들은 찬양이 절망을 희망으로 바뀌게 만들어 준 것이다. 이 사건은 하나님의 음악은 치유가 있다는 것을 알게 해 주었다.

"내게 있는 향유 옥합 주께 가져와 그 발아래 입 맞추고 깨뜨립니다.

나를 위해 험한 산길 오르신 예수 걸음 마다 크신 사랑 새겨 놓았네.

나를 위해 십자가에 오르신 그발 흘린 피로 나의 죄를 대속 하셨네.

주님 다시 이 땅위에 임하실 때에 주의 크신 사랑으로 날 받아 주소서."

교회에 들어서면서도 내게 있는 향유옥합을 계속 불렀다. 그때 비엔나에서 간호사 일은 하는 이은경 집사가 "장 선생님, 오늘 좋아 보이네요! 그런데 다이어트 했어요?"라고 말을 건네는 것이다. 감기로 살이 3-4킬로 빠진 것이었다. 살이 조금 빠진 것이 다가 아니었다. 그 즈음 나는 담당 교수님의 집으로 레슨을 받으러 가야 했었다. 주에 한 번인 레슨을 개인적으로 한 번 더 집으로 방문하여 받기로 한 것이다. 졸업을 위해서 더욱 매진해야 할 때였기 때문이다.

그런데 담당 교수님의 집에 가보고 깜짝 놀랐다. 4층이었다. 비엔나의 4층은 우리나라의 5층과 같았다. 1층은 입구라 하여 층으로 치지 않고 2층부터 1층이라고 하는 나라였다. 그래서 나는 교수님 댁으로 가기 시작한 첫날 5층까지 계단을 올라갔다. 그것도 불규칙한 나선형 계단을 올라가야 했다. 난간이 있었지만 너무 불편한 구조이며 계단의 폭이 높아서 어깨가 위로 올라가서 더욱 힘들었다. 그런데 정말 다행인건 내가 살이 빠져 몸이 훨씬 가벼워져 그 계단을 그나마 올라 갈 수 있었던 것이다.

그렇게 레슨을 받기 위해 올라 다닌 지 몇 달 후, 어느 날 교수님을 집 앞에서 만나 같이 계단을 같이 오르다가 교수님이 나의 계단 오르는 모습을 보시고 안쓰러운 눈으로 계속 쳐다보셨다. 아마도 힘든 모습에 큰 감명을 받은 것 같았다. 그리고 바로 장소를 바꿔 주셨다. 교수님이 생각했던 것보다 더 힘들게 계단을 오르는 모습을 보고 감동과 미안함이 교차하신 듯 했다.

그러나 이미 나는 두 달을 그렇게 계단을 오르내렸다. 그래서 지금도 연주가 있거나 초청 간증연주 집회가 있으면 금식을 하여 몸무게를 2-3 킬로라도 낮추는 것이 습관이 되었다. 나는 그때 미리 예비하시여 나의 몸무게를 낮추신 하나님을 만났다. 그 이후 한 번의 추가 개인 레슨은 항상 내가 있는 집으로 방문해 주셨다. 지금도 나는 낡고 누추한 유학생의 집으로 방문 레슨을 해주신 교수님을 잊지 못한다. 그리고 교수님은 어렵게 계단을 오르내리며 순종한 나를 신용하시게 되었으며, 의지를 높게 사게 되신 이유가 되었으며, 교수님이 나를 졸업시키려는 마음이 들어 졸업 디플롬 연주를 준비해 주시게 된 계기가 되었다. 사실 그 이전에는 졸업보다 수료로 쉽게 끝내면 어떠할지 교수님은 고민을 하셨던 것 같았다.

> "나를 눈동자 같이 지키시고 주의 날개 그늘 아래에 감추사" *(시 17:8).*

진짜 피가 나는 연습

연습을 열심히 한다고 할 때 흔히들 '피나는 연습'이란 말을 쓴다. 그러나 음악을 하면서 정말 피가 나는 것을 본적도 없고 '음악에 무슨 피가 나게 하는 연습이 있을까?'라는 생각을 한 적이 있다. 그런데 나는 정말 피가 나는 연습을 한 경험이 있었다. 물론 판소리 연주자들이 폭포에서 소리를 지른 후 목이 갈라지면 각혈을 한다고들 하지만 서양음악 악기를 하며 피를 흘릴 일은 당연히 없는 것이 정상인데 나는 진짜 피를 흘리는 사건이 있었다.

비엔나에서 공부한지 5년 정도 지날 때였다. 이제 모든 학과를 끝내고 디플롬(卒業) 진입을 위하여 마지막 기말 고사를 보는 시기가 되었다. 이 시험만 지나면 나는 디플롬 준비를 위해 1년의 인터네셔날 공식기간[3]을 갖게 되어 한결 여유 있는 시간을 갖게 된다. 자유스럽게 레슨과 연습에만 전념 할 수 있는 시간이었다.

그래서 나는 정말 열심히 연습했다. 밥을 먹는 시간외에는 연습을 했었던 것 같다. 밥 먹는 시간도 아까웠지만 밥을 먹어야 힘이 생기고 힘이 있어야 연습을 하니까 밥을 먹고 20분 정도 쉰 후에는 연습을 시작했다. 그 때는 하루에 몇 시간을 했는지도 기억이 나질 않았다. 아마 자는 시간, 먹는 시간, 화장실 가는 시간을 빼고는 모든 시간을 연습에 쏟았으니 14-16시간 정도 연습을 했던 것으로 기억한다.

그렇게 열흘 정도가 흘렀다. 시험 날을 앞둔 마지막 레슨 전 날, 왼손 검지 위(악기를 잡을 때 고정하는 부분)에 물집이 생겼는데 계속 연습을 했더니 결국 물집이 터져 버렸다. 휴지로 닦고 계속 연습을 진행했다. 그랬더니 하루가 더

---

3) 서양의 음악대학들은 주로 학과 수업을 모두 마치고 학제를 다 통과한 후 1년간 실기졸업연주시험을 위해 전념하는 시간을 갖는데 이 과정에 1년 동안 30회 이상의 공식 레슨이 주어지고 그 과정을 이수하면 졸업 연주인 디플롬 1차와 2차 최종 연주 신청이 가능하다 이 과정을 오스트리아의 어느 학교든지 다 지켜야 하므로 인터네셔날 공식 기간이라 한다.

지나서 결국 물집이 생겼던 환부에 피가 나기 시작했다. 약솜도, 거즈도, 상비약도 없었다. 동여 멜 밴드는 더더욱 없었다. 그래서 나는 가장 편하고 부드럽고 싸기 좋은 러닝 아랫단을 조금 뜯어 손가락 윗부분을 동여매고 다시 연습을 시작했다. 그러자 결국 러닝셔츠 위에 피가 배에 나와 빨갛게 변색되었다.

　다음날 학기를 마치는 디플롬으로 가기 전 마지막 레슨을 받으러 나섰다. 전날 끓여놓은 배추국(배추는 비엔나도 흔함, 된장만 가져가서 배추국을 자주 끓여 먹음)에 밥을 챙겨 먹고 열심히 학교로 가서 레슨을 받는데 교수님이 벌겋게 피가 배어 나오는 러닝셔츠로 감은 내 손가락을 보고 계셨다. 나는 의식하지 못했다. 교수님은 내게 뭘 감고 있는데 불편하지 않느냐고 물으셨다. 나는 당연히 불편하다고 하였다. 그러자 빼라고 하였다. 난 그 분이 시키는 대로 러닝셔츠로 만든 붕대를 걷어내었다. 걷어내자 짓이겨진 생채기가 나타났다.

　교수님은 눈치를 보더니 그냥 두라고 하셨다. 천을 걷어 내기에는 상처가 좀 깊어 보인 듯하였다. 교수님은 잠시 시선을 창밖으로 돌려 밖을 바라보고 계셨다. 자세히 보니 감동을 하셨는지 약간 상기되어 보이셨다. 나는 시험 패스를 위한 연습에 사로잡혀 아무것도 보이지 않았다.

　아마 그날 그분이 나를 보며 목숨을 걸고 살아가는 한 장애인을 본 것 같았다. 불쌍해서 살짝 울컥 하신 것 같았다. 몸이 안 되니 노력이라도 하려는 불쌍한 동양인을 본 것 같았다. 이내 돌아서서 웃으시며 "미스터 양!(독일계 사람들은 '장'이라는 발음이 잘 안 됨) 열심히 했군요, 이번 마지막 힌데미스 소나타 전곡은 반드시 졸업 디프롬에서 연주할 곡이니 열심히 하세요!"라고 하며 레슨을 마쳤다. 다음날 나는 가볍게 마지막 기말 시험을 패스 한 후 디플롬 자격을 갖게 되었다.

훗날 안 사실이지만 내 연주와 지구력은 졸업하기에 부족하다고 생각하고 계신 교수님도 내게 졸업 기회를 주기 보다는 수료로 끝내는 것을 제안하려고 했던 것을 알게 되었다. 그럴 수밖에 없는 게 그분은 명색이 비엔나에서 플루트 교수를 하는 분인데 여러 나라에서 내로라하는 연주자들이 모여 그들을 주로 가르치실 텐데, 모든 것이 부족한 동양인 장애인에게 디플롬을 주기 위해 졸업을 준비시켜 줘야 한다는 중압감과 해도 안 될 것이라는 인간적 생각이 분명 있었던 것이었다.

그러나 나의 집념과 연습에 그분의 마음이 녹은 것이다. 그리고 그분의 마음에 합당한 제자가 된 것이다. 모든 것은 하나님의 은혜였다. 나의 외로운 연습 시간을 같이 해준 하나님이 계셨기에 가능했다. 그럴 수밖에 없는 것이 난 비엔나 유학기간 동안 성경을 처음으로 세 번 완독하였다. 그 전에는 상상도 못 할 일을 긴 유학기간 동안 외로운 밤에 성경을 읽은 것이다.

한번은 성경을 읽는데 작은 책자 글씨가 아주 크게 확대된 크기로 보이기 시작했다. 그러더니 성경의 글자가 핸드폰 문자를 칠 때 튀어나오는 것처럼 글자가 튀어 올라오는 것 같이 선명하게 보였다. 성령충만이었다. 그런 시간들이 나를 편안하게 만들었고 나의 의지는 하나님이 동행하시므로 강해졌던 것이다. 그것은 단순히 노력과 의지가 아니고 불가능을 가능하게 만드시는 하나님의 역사였던 것이다.

"그러므로 그것은 사람의 의지나 노력에 달려 있는 것이 아니라, 하나님의 자비에 달려 있습니다"*(롬 9:16)*.

드디어 졸업 디플롬

세월은 흘러 6년이 지났다. 둘째 딸아이를 낳고 시작한 유학은 둘째가 어느덧 학교에 다니기 시작할 때까지 계속 되었다. 정말 긴 시간이었다. 그런데 졸업 연주를 앞둔 나에게 큰 사건이 일어났다. 동구권 출신의 목관악기 교수님 한 분이 나의 졸업을 반대 한다는 것이다. 나는 담당 교수님과 학장님의 은혜를 많이 받았는데, 그 배려를 특혜라고 생각했던 것 같다.

그 내용은 이러했다. 마지막 1년은 두 학기 30번을 '인터네셔날'과정이라고 해서 학과가 다 끝나면 디플롬을 위하여 오로지 연주 준비 레슨을 30번 15주 두 학기를 이수하는 과정에서, 내 건강을 고려해서 단기간에 몰아서 레슨을 해주셨고 나머지 시간을 한국에서 공부하며 건강을 챙기고 연습하게 배려해 주신 것을, 그 분이 문제 삼은 것 같았다.

내가 다닌 학교는 비엔나의 사립예술전문대학으로 비엔나에 상위 대학도 있었지만 커리큘럼과 졸업 방법, 가르치는 방법, 교수진 모두 국제적 규칙을 준수하는 빡빡한 정규 학교였다. 나는 10년 과정*(4년 학부, 4년 대학원, 2년 최고연주자과정)*을 6년에 마쳤고 '졸업연주'라는 마지막 관문을 두고 난관을 만난 것이다. 졸업 방법은 전시대 전 악장을 교수님들 앞에서 한 시간 가량 연주하면 그 연주를 듣고 교수님들이 1차로 패스를 주게 된다. 또 2차로 전시대 전 악장을 일주일 안에 다시 교내 대 공연장에서 공개적으로 하는 시스템으로 까다롭기로 유명한 비엔나 졸업 관문을 그대로 보여주는 것이었다.

나는 비공개 첫 시험 날 새벽, 차가운 마룻바닥에서 엎드려 혼자 새벽 기도를 드렸다. "하나님, 여기로 보내시고 이만큼 돌보아 주셨으니 제발 저를 불쌍히 여기시고 이 마지막 관문을 통과하게 해주십시오. 저는 아무것도 할 수 없는 연약한 당신의 자녀입니다." 이렇게 눈물로 기도 한 후 전날 사다놓은 삼겹살을 새벽 6시에 혼자 구워 먹었다. 언제나 연주를 하면 힘이 부족했다. 연주는 건강이 생명인데, 항상 힘이 부족하고 금방 탈진해 버리는 것이 나의 단점이었다. 그럴 수밖에 없는 것이 소아마비로 허리까지 장애를 입어 척추 측만이 심한데 코르셋으로 허리를 고정하고 플루트를 연주하니 힘이 빨리 소진되는 것은 당연한 것이었다. 그러나 나는 하나님의 돌보심으로 지혜를 얻어 정신 통일과 안정된 호흡 그리고 자기 관리를 통해 이 자리까지 왔던 것이다.

삼겹살을 먹으니 속이 좀 든든해 졌다. 그리고 매번 하던 복부 강화 운동을 하기 시작했다. 나는 허리가 휘어져 배심이 약하고 지속력이 떨어져 매일 아침 간단한 운동과 함께 배를 아령으로 퍽 퍽 소리가 나게 두드리는 훈련을 계속 하고 있었다. 아침식사와 기본운동으로 만반의 준비를 하고 학교에 가서 다시 연주장 마룻바닥에 엎드려 기도를 하였다.

"하나님, 이 자리에서 제가 승리하게 해 주세요."

한참을 기다리자 10시경에 시험을 시작했다. 내 예상대로 교수님들은 학장님 포함하여 6분 정도 심사에 참여하신 것 같았다. 무대에서 심사하시는 객석은 어두워서 보이지 않았다. 학교 그로스 홀(큰 홀)에는 아무도 없었고 정중앙에 심사하시는 교수님들만 앉아 계신 듯했다. 1차 시험은 비공개이기 때문에 아무도 들어오지 못하고 오로지 심사 위원 교수님들만 들어오신 것이다. 반주하시는 교수님도 나를 위해 그간 여러 번 무료 반주로 도와 주셨다. 불쌍한 한국의 장애인의 열정이 그렇게 많은 주위 분들을 사랑의 실천자로 만들고 있었다.

나는 열심히 연주했다. 바흐, 모차르트, 뿔랑, 힌데미스, 오케스트라 엑셉 등 시대와 과정에 맞게 최선으로 연주를 끝내자 교수님들은 나의 당락을 결정하기 위한 회의를 하기 위해 모두 학장실로 들어 가셨다. 40-50분의 시간, 교수님들의 회의 결과를 기다리는 시간, '정말 피가 마른다는 것이 이런 것이구나'라는 것을 그 때 알았다. 시간이 흐르자 학장님이 서류를 들고 무대 옆문으로 들어오시기 시작했다. 그 뒤에 나의 지도 교수인 M교수님, 뒤이어 노장 여교수님이신 R교수님 등과 그리고 반주자 교수님이 따라 들어오고 있었다. 다른 심사위원 교수님들은 결과를 낸 후 돌아가신 듯 했다.

나는 불안이 엄습해 왔다. 담당 교수님의 얼굴을 먼저 보았다. 그런데 밝은 표정으로 웃으며 손을 절레절레 흔들며 들어오고 계셨다. 나에게 인사를 하는 줄 알고 나도 손을 흔들었다. 학장님은 주로 연주가 끝나고 결과를 말할 때는 두 가지로 말씀을 시작한다고 선배들이 알려 주었다. 첫째는 "Congratulations"(축하합니다)이고 둘째는 "I am Sorry"(미안합니다)이다.

나는 학장님의 입만 뚫어지게 바라보고 그분의 말씀을 기다렸다. 그때 학장님은 나에게 "Congratulations"이라고 말씀하셨다. 그리고 이어서 학장님은 "너의 용기, 노력, 그리고 그간의 인내, 마지막으로 예쁜 소리에, 우리는 디플롬을 주기로 결정했다"라고 하셨다. "할렐루야"가 절로 터져 나왔다. 세상에 장애 1급의 소아마비 학생이, 대한민국의 장애인이, 두 딸을 둔 가장이 유럽에서, 그것도 비엔나에서 디플롬(졸업)을 한 것이다.

기적이었다.

내가 나중에 안 사실이지만 지금도 우리나라에 소아마비 그것도 허리까지 척추측만이 심하게 진행 된 장애인 플루트로 연주자 교수 학위를 가진 사람은 없었고, 유럽에도 나 같은 장애인 플루트 전문 연주자는 없으며, 아마도 미국 또한 1급 장애인 플루트 연주자는 없을 것이라는 이야기를 담당 교수님이 하셨다. 정말 전무후무한 사건이 생긴 것이다.

나는 기쁘지 않고 슬펐다. 그간 지나온 6년여 세월동안의 사건이 모두 눈앞에서 스쳐 지나갔다. 눈물이 앞을 가렸다. 내 담당 교수는 울지 말라고 기쁜 날이라고 하셨다. 나는 도대체 어떻게 그 반대 하던 여자 교수님이 찬성을 하였는지 궁금했다. 그래서 젊은 여자 교수님에 대하여 담당 교수님에게 묻자, "내가 말했잖아, 나오면서 손을 흔들었잖아, 그게 그 분이 안 오셨다는 말이야!" 나는 순간 모든 것이 정지되는 충격을 받았다. 어떻게 졸업 심사 날 전공교수가 안 올수 있을까? 절대 그럴 사람도 아니고 절대 그것이 용납되는 나라도 아닌 것을 내가 더 잘 알기 때문이다. 나중에 안 사실인데 전날 화창한 5월의 오스트리아 잘츠브르그에 오후에 비가 왔다는 후문이다. 그 여자 교수님은 비엔나에서 기차로 4시간가량 거리의 잘츠부르그에서 연주를 하시다 비를 흠뻑 맞으신 듯하였다. 그리고 늦은 밤에 연주를 마치고 비엔나로 출발해 새벽에 도착해서 감기에 걸려 도저히 움직일 수 없어서 다음날 10시였던 졸업시험 심사에 불참한 것이다.

"오! 하나님, 감사합니다. 부족한 당신의 아들을 위해 비를 내리셨군요. 실망만 시켜드린 저의 기도를 또 들어 주셨군요. 감사합니다. 정말 감사 합니다."

한국에 제일 먼저 전화를 했다. "여보, 나 졸업 연주 통과 했어." 아내도 너무 기뻐 목이 메기 시작했다. "하나님이 나의 기도를 들어 주신 것 같아." 그 곳에서 들려오는 소리도 동일했다 "여기서도 기도 했어. 잠도 안자고 구역 식구 다 기도 했어. 아이들도 고사리 손으로 뭔지도 모르며 기도 했어." 너무 감사했다. '기도는 모든 것을 해결하는 열쇠구나! 그 열쇠를 나는 가졌구나!' "하나님 나의 기도를 아니 우리 가족의 기도를 들어 주셔서 감사 합니다."

나는 학교를 나와 걷는데 세상이 너무 아름다웠다. 온통 초록인 오스트리아의 5월, 그렇게 외로워 눈에 들어오지 않던 오스트리아의 5월이 난 그날 그렇게 아름다운 줄 처음 알았다. 이제 일주일 후 공개연주만 하면 집에 간다. 1차 통과가 어렵지 사실상 1차를 통과시켜준 것은 2차를 인정한다는 것이다. 그 이유는 2차는 공개 연주라 많은 사람들 앞에서 하는 과정이니까 지금보다 마음이 더 편하기 때문이었다. '그리운 집에 가자!' 나의 마음은 벌써 사랑하는 아내와 아이들이 있는 한국에 가 있었다. 일주일 후 연주를 무사히 마치고 난 최우수 학점으로 졸업을 하였다.

나중에 안 사실인데 우리 학교에서 플루트 디플롬이 3년 만에 나 혼자 나왔다는 사실이었다. 너무 감사했다. 우리 학교를 사람들은 그냥 거쳐서 갈려고 하는 경향도 있었고, 졸업까지의 과정과 시간이 오래 걸리다 보니 중도에 그만두고 다른 학교나 다른 나라로 가는 학생들이 많다고 하였다. 그리고 학과 수업의 패스가 너무 어려워 그만두는 경우도 있다고 하였다. 이것이 다가 아니었다. 사람 사는 세상이므로 어디든 있는 교수님들과의 갈등으로 그만 두는 경우도 많다고 하였다. 사람들의 생각은 어차피 오래 걸리고 어려운데 이왕이면 더 좋은 국립대나 독일의 국립대를 택하거나 미국의 명문 사립대를 선택하기 위해 떠나는 것 같았다. 그 이유는 누구나 음악을 한다면 비엔나를 동경하지만 시작해 보니 국립대의 높은 벽과 사립대 또한 그 과정이 힘들고, 어려우며, 원칙을 끝까지 고수하는 자가 살아남는 교육 방침에 많은 음악인들이 진로를 바꾼다는 이야기였다.

그러나 나는 나를 챙겨주시는 교수님, 학장님, 내가 다니기 유리한 교통, 또 나를 돕는 박 교수님의 제자들, 모든 것이 편리하여 이 학교를 다녔다. 그러므로 더욱 감사하게 되었고 나를 끌어주시는 분들이 있는 이곳의 사람들을 보고 열심히 다녔다. 나를 이끄시는 분들이 있는 곳이 내게는 명문대였던 것이다.

특별한 것은 나의 담당 교수님에게는 내가 한국인 최초의 졸업생이었다. 그래서 더욱 애정이 간다고 하셨다. 또한 졸업 후 시간이 지나면서 오스트리아 비엔나가 서양음악에 대한 자존심이 얼마나 강한 나라인지 더욱 실감하며 내 졸업장에 더욱 자긍심을 갖게 되었다. 졸업을 하고 귀국하기 전날 조촐한 자축의 시간을 교수님과 가졌다. 교수님은 나를 안아주시며 "넌 이제 내 제자가 아니고 친구다"라고 말씀하셨다. 그 말씀에 한 번 더 눈물이 흘렸다. 이렇게 끝이 났구나!

"감사합니다. 하나님, 감사합니다. 모든 것이 하나님의 은혜입니다."

"그러므로 당신들은 이 언약의 말씀을 지키십시오. 그러면 당신들이 하는 일마다 성공할 것입니다"*(신 29:9)*.

진짜 어른이 되었는데도
하나님의 마음에
안 드시나 봐요

여호와여 우리에게 은혜를
베푸시고 또 은혜를 베푸소서 심한
멸시가 우리에게 넘치나이다

중앙양로원 나무십자가 초청연주 지휘

수원장애인 복지관 초청연주지휘

출세를 위해

비엔나 졸업 전 이미 결정된 경기도 평택 대학교와 인천 가톨릭 대학교 등에 출강과 더불어 디플롬을 갖게 된 후 나는 날개를 단 것 같았다. 내게 있는 달란트를 이용해 사람들을 만나고 다니며 수월하게 발을 넓히기 시작했다. 연주도 자주 있었고 심사도 가끔 하며 나름 자리를 잡아가고 레슨 수입도 올라가기 시작했다. 내가 받게 될 레슨비를 내가 정하는 것이 아니고 주변에서 알아서 올려 주며 상담해 와서 쉽게 원하는 수준을 받게 되었다.

나는 어느덧 여섯 개 대학과 예고에 출강을 하고 플루트 협회 이사로 활동하고 있었고 우리나라에서 유일한 플루트 전문 잡지에 편곡과 플루트 음악 분석 등을 연재하며 점점 소문이 나기 시작했다. 국내에서 플루트하는 전문가들은 이제 모두 나를 아는 것 같았다. 비로소 평생의 꿈인 교수이며 전문 음악인으로서 자리를 잡기 시작한 것이다. 물론 그때도 여러 교회에서 찬양을 하며 교회에서 받은 사례비도 적지 않았다. 그러나 나는 관련 계통 사람들을 만나 술자리에 참석하기도 하고 좋은 여건의 자리를 잡기위하여 또는 제자들을 대학에 합격시키기 위하여 인맥을 쌓기에 동분서주하였다. 참 열심히 산다고 생각했고 내 스스로 능력이 있다고 생각했다.

그러나 능력과 재물이 모아지면서 교만이 꽉 들어차 있었다. 인사를 할 때도 머리를 숙이지 않았고 누구와 대화를 나누던지 교만한 표정과 몸짓이 나왔다. 지갑에는 언제나 100만 원 이상의 현금이 있었고, 돈을 쉽게 벌며 쉽게 쓰는 버릇도 생겼다. 그러던 어느 날 깊은 곳에서 하나님의 말씀이 들렸다.

"은도야, 나를 찬양한다고 기도해서 내가 너에게 유학을 시켜 주었는데 너는 지금 무엇을 하고 있니?"

나는 그 마음의 울림이 두려웠다. 주일에 교회에서 연주로 봉사하면 되는 줄 알았다. 그러나 하나님의 계획은 그것이 아니었다. 나는 그 말씀을 듣고 고민하기 시작했다. '할 일을 해야지 하나님이 말씀하시는데, 하나님의 뜻을 따라야지!'라는 결론을 얻게 되었다. 순종해야지 안 그러면 큰일 날 것 같았다. 그것은 분명 두려움이었다. 그때는 몰랐다 세상과 하나님이 같이 갈 수 없다는 사실을... 또 나에게 얼마나 많은 우상이 붙어 있고, 그 우상을 따라 다니고 있었는지를...

그 후 결국 물질의 연단을 받기 시작했다. 그 물질의 연단은 신학교로 이어져 목사가 된 것이다. 내가 만약 그때 돈이나 명예보다 하나님을 더욱 섬기는 연주자가 되었다면 목사로 인도 하셨을까? 그냥 교수로 살게 하셨을까? 궁금함이 생긴다. 그러나 중요한 것은 그때의 삶이 은혜가 안 되었다는 것이다. 우리가 어디에 있던 하나님 앞에 바르게 사는 것이 먼저이지 무엇을 하고 사는가는 중요하지 않다는 것을 이제야 알게 되었다.

> "만일 그들이 순종하지 않으면 그들은 칼날에 망하고 무지 가운데서 죽을 것이다"*(욥 36:12)*.

> "여러분이 여호와께 순종하지 않으면 여호와께서는 다른

민족들과 마찬가지로 여러분도 멸망시키실 것입니다"*(신 8:20).*

나무 십자가 플루트 앙상블

은실이는 내가 입시를 가르쳐 10여명의 경쟁을 뚫고 수원의 S대학에 입학시킨 제자였고, 해구는 초보로 플루트를 잡은 지 단 10개월 만에 대학에 입학하여 시작은 부족해도 결국 실기장학생으로 졸업한 제자였다. 둘은 모두 20대에 유학을 가기 전에 대학에 넣은 나의 첫 열매들이었다. 두 제자는 명문대생은 아니었지만 순종하는 제자였고, 모두 독실한 기독교 집안의 목사와 장로의 딸들이었다. 나는 두 제자를 불러 엄숙하게 말했다.

"이제부터 우리의 일을 하자. 하나님을 찬양 하는 일, 이 일만이 우리들의 사명이고 음악을 한 이유일 것이다."

두 제자는 당연히 내 의견에 동의하며 동역하기로 하였다. 이것이 지금까지 수없이 많은 방문 찬양을 한 나무 십자가 플루트 앙상블의 시작이었다. 첫 연습은 아내의 학원 현악실에서 조촐하게 시작하였다. 나를 포함해 세 명이 시작한 것이다. 그 작은 시작이 2013년 기준으로 나무 십자가 플루트 앙상블은 15명의 단원으로 구성되었으며 찬양 집회 연주도 70회 가까이 한 것으로 기억된다.

그 때 3명이 시작한 초라한 연주단체를 하나님은 축복해 주셨다. 그뿐이 아니었다. 세 명으로 시작된 초라한 단체가 2012년에는 수원의 중앙양로원 어르신 응급이동 차량마련에 9,300만원이 모금되는 자선음악회를 이끌었고, 2011년 중앙복지재단 기금마련에 4,500여만원의 기금을 모아 기증하는 일에 또 주축이 되었으며, 2010년에는 버드네 노인 복지관 어르신 돕기 자선연주에 600분의 수원독거노인(홀몸 어르신)분들에게 겨울 난방비를 드린 일을 모두 이끌었다. 참으로 감사한 일이었다. 모든 것이 하나님의 은혜였다. 하나님의 이름으로 나아가면 하나님의 일을 하나님이 손수 하시는 것을 우리 단체는 경험하였다.

> "한 사람이 순종하지 아니함으로 많은 사람이 죄인 된 것
> 같이 한 사람이 순종하심으로 많은 사람이 의인이 되리
> 라"(롬 5:19).

찬양 CD를 내다

유학을 다녀오고 바쁘게 보내던 중 조금 더 세상에서 이름을 내기 위해 독주회 준비에 매진했다. 사실 귀국 독주회를 건강과 물질의 부족으로 작은 홀에서 후딱 해치운 것이 크게 마음에 걸렸다. 물론 나는 그 당시 강의가 많

앉고 크고 작은 연주와 플루트 협회에서 하는 연주, 교회 초청연주 등으로 분주히 보내고 있었다. 유학에서 돌아온 후 유학비용으로 인해 피폐하게 된 가정환경은 내게 음악 생활이라는 것을 불가능하게 했다. 귀국 후 바로 레슨과 학교강의 등을 하며 열심히 돈을 벌지 않으면 안 될 지경이었다. 그렇게 아이들을 키우며 가장 노릇에 집중하다 보니 세월이 훌쩍 지나가 버렸다. 그래서 나는 좋은 연주장을 빌려 독주회를 다시 열려고 천 만 원의 비자금을 만들어 놓았다.

그런데 그 돈을 가지고 이리 저리 연주준비를 위해 장소를 물색할 때였다.

"그 돈을 나를 위해 써라"라는 익숙한 목소리가 내 속에서 울리기 시작했다. 나는 내 이성의 소리인줄 알고 이내 무시하고 말았다. 그러나 그 소리는 마음속에서 일주일, 이주일동안 계속해서 들렸다. 나는 어떻게 하란 말씀인지 알 수가 없었다. 이 돈을 다 헌금하라는 말씀으로 이해한 나는 하나님의 요구가 너무 부담스러웠고 원망스러웠다.

그러던 어느 날 교회에서 찬양 사역자를 초청 한 후 로비에서 CD를 판매하는 것을 보게 되었다. 그때 나는 '아! 저거구나. 내가 할 일'이라는 생각이 들었다. 그 동안 하나님을 찬양 한다고 해 놓고 나무 십자가 플루트 앙상블을 조직해서 여기 저기 돌아다니고는 있었지만 내가 개인적인 찬양을 드린 적이 없었다. '찬양 시디를 내자! 찬양 시디를 내면 어디서나 내 연주 찬양이 흘러 나오니까 하나님이 더욱 기뻐하실 거야'라는 생각을 하고 그 날로 편곡자를 섭외하고 연주할 곡 리스트를 만들어 나도 편곡에 들어갔다.

진짜 어른이 되었는데도 하나님의 마음에 안 드시나 봐요 |

최경태 집사님은 2008년 당시 내가 다닌 수원중앙교회의 집사님이셨는데, 교회 방송실 담당 집사였다. 지금은 미국에 리코딩 과정(*음반 제작*) 등을 공부하고 그 분야에서 활동하는 전문가이다. 그러나 처음에는 그분이 무슨 일을 했던 분인지 전혀 알지 못했다.

어느 날 우연히 이야기를 하다가 CD를 내려고 하는데 비용이 얼마나 드는지 물었는데 갑자기 "제가 도와 드릴까요?"라고 말을 하는 것이다. 내용인즉 이러했다. 자기가 예전에 리코딩 회사에서 녹음 기사였는데 그만 두고 어쩌다 보니 지금 교회방송실에 와 있다는 것이었다. 우리 교회는 당시 김장환 원로 목사님이 해외에서 교회에 전화를 걸어오면 녹음을 해서 성도들에게 육성으로 사역보고를 하시는 녹음실이 하나 있었다. 그곳은 그냥 간이 녹음 부스였고 간혹 교회에서 쓰는 찬양반주 같은 것을 녹음하는 것을 본 적이 있었다. 집사님은 그곳에서 녹음을 하자고 했다.

나중에 안 사실이지만 CD를 내기에는 정말 턱없이 부족한 시설이었다. 아무리 생각해 보아도 이성적으로 그곳은 음반을 내기엔 역부족이었다. 그러나 나는 매우 기뻤다. 내가 다니는 교회에서 녹음할 수 있어서 좋았고, 몸이 불편한 나의 행동이 제약을 받지 않아 좋았고 -일반적으로 녹음실은 엘리베이터가 없는 지하에 있다- 또 적은 비용으로 할 수 있다는 것도 좋은 조건이었다.

그런데 녹음을 하는 동안에 많은 일들이 벌어졌다. 녹음을 하려고 하면 자동차 접촉 사고가 생기고, 부모님이 일이 생겨 부르시고, 딸아이가 아프고,

아이의 학교에서 문제가 생겨 학교에 아내가 다녀오고, 정말 하루도 편할 날이 없었다. 우리는 기도 중에 이 찬양음반이 나오면 큰 은혜가 있을 것을 마귀가 미리 알고 힘들게 하고 있다는 것을 알게 되어서 더욱 기도하며, 금식하며, 녹음에 매달렸다.

한 달여 동안 그렇게 고생하며 "사랑합니다" CD를 만들어 냈다. 처음부터 끝까지 하나님의 은혜였다. 여러 가지 악기가 연주자로 나오는데 최 집사님은 아는 지인을 통해 최저 가격으로 악기 연주자들을 불러 오셨고, 우연히 놀러 와서 녹음을 해준 분도 계시며, 교회에서 여러 음악인들이 동참해 주셨다. 정말 예상대로 가진 예산에서 CD가 완제품까지 나오는 은혜가 눈앞에서 펼쳐졌다. 나는 유통회사와 갓피플 쇼케이스를 통해 홍보하기 시작하였다. 그때 녹음한 CD는 지금까지도 유료 다운로드 서비스를 제공하고 있는 은혜를 입고 있으며 시디를 낸 후 200여 번이 넘는 초청 연주와 간증을 다녔다. 결국 200여 번의 독주회를 다닌 셈이다.

교회에 초청 연주를 가면 찬양하고 간증하고 또 사례비를 주시니 내 주머니를 털어 독주회를 한 번하고 없어질 천만원이 찬양시디를 내니까. 한 번의 독주회가 아닌 200여 번의 찬양 독주회와 200여 번의 사례비까지 주시는 하나님의 놀라운 기적을 보게 된 것이다. 오병이어의 기적은 어린아이의 보리떡 다섯 개와 생선 두 마리가 5000명을 먹이고 남은 것이다. 그 이유는 그 아이가 갖고 있던 작은 것을 바로 주님께 가져 왔기 때문이었다.

"이르시되 그것을 내게 가져오라 하시고 무리를 명하여 잔디 위에 앉히시 고 떡 다섯 개와 물고기 두 마리를 가지사 하늘을 우러러 축사하시고 떡을 떼어 제자들에게 주시매 제자들이 무리에게 주니 다 배불리 먹고 남은 조각을 열두 바구니에 차게 거두었으며 먹은 사람은 여자와 어린이 외에 오천 명이나 되었더라" *(마 14:18-21).*

"돈, 돈" 하다가
예전으로 돌아갔어요

집 하인이 두 주인을 섬길 수 없나니 혹
이를 미워하고 저를 사랑하거나 혹 이를 중히
여기고 저를 경히 여길 것임이니라 너희는
하나님과 재물을 겸하여 섬길 수 없느니라

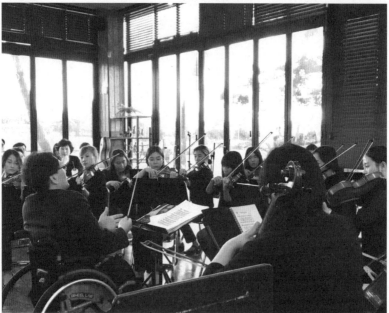

DC&LOGOS 크리스천 오케스트라 새신자를 위한 하우스 콘서트(베들레헴 교회카페)

물질의 고난

어릴 적 나의 소원은 나만의 공부방을 갖는 것이었다. 성인이 될 때까지 공부방을 가져 보지 못한 나는 두 딸에게는 꼭 이른 나이부터 공부방을 하나씩 주겠노라 다짐했었다. 유학 전에 우리 부부는 열심히 살아서 작은 집을 빠른 시간에 마련했으나 유학비용으로 다시 팔아야 했었다. 그리고 유학 후에 다시 용인에 집을 장만하였다. 정말 좋은 집이었다. 아이들이 공부방을 필요로 하여 보채기 전에 무리를 해서 준비한 것이었다. 스스로 자랑스러웠다.

결혼할 때 많이 반대하시던 장인 장모님도 그 집을 보시면서 좋다고 기뻐하셨고, 반대하시던 이전의 앙금도 많이 사라져 갔다. 그리고 다시 경기도 모처에서 음악학원을 하던 아내의 일터 근처로 집을 이사하고 다시 신도시 인근에 45평을 분양받았다. 몇 년 동안 사고팔고를 거듭하며 당시 두 채의 집과 적잖은 예금을 소유하게 되었다. 돌아보면 기도를 하지 않고 나의 욕심대로 물질만 따르는 삶이었다. 그러나 그때부터 물질의 연단이 시작되었다.

노무현 정부 초기 때 각종 정책들이 나와서 부동산이 불안하여 가격이 요동칠 때였다. 분양을 받아놓은 집이 있었는데 점점 새집 입주날짜가 다가오는데 기존집이 팔리지 않아 애를 태우고 있었다. 그래서 살던 집을 매매하는 것을 포기하고 전세를 주기로 하였는데 그때 성결교단의 L 목사님이 우리 집을 보러 오셨다. 성경을 펴고 읽는 아내를 본 후 부동산 소개인을 보내시고 그 목사님이 다시 우리 집을 재 방문하셨다. L 목사님이 말하길 부동산을 끼면 복비가 들어가니 직접 계약을 하자고 하였던 것이다. 나는 L 목사님과 계약을 하기로 했다.

또 목사님 부부는 나의 집을 가정 교회로 쓴다고 하시며 여러 가지를 도와 달라고 하셨다. 우리는 기쁜 마음으로 에어컨과 가구를 모두 드리기로 하였다. 계약은 집에서 양자 자필로 했다. 그런데 문제가 생기기 시작했다. 계약금을 1/3만 주시고 중도금과 잔금, 모두 날짜를 어기셨다. 나는 직감적으로 문제가 있는 상황을 알고 재촉하였으나 기도중이며 하나님이 정해진 날에 잔금을 모두 주신다고 했다고 하였다. 정말 어이가 없었으나 순종했다. 상대는 목사님 아닌가!*(나는 목사가 되기 전)* 나는 목사님이기 때문에 절대 거짓말을 하지 않을 것이라 생각했다. 그래서 날짜가 되면 돈이 마련 될 것 같다고 하신 말씀을 굳게 믿었다. 그리고 두 번 더 약속을 어기시며 결국 당시 시세로 일억 육천 만원 상당의 전세를 5000만원에 달라고 말도 안 되는 가격을 제시하셨다. 크게 고민이 되었으나 새집 이사 날짜도 촉박하고 가정 교회로 쓰신 다는 말에 선뜻 그렇게 하라고 또 양보를 했다. 그런데 그 오천 만원 전세금의 잔금도 어기셨다. 일억 천만원을 깎아 드렸는데도 약속을 또 어기신 것이다.

우리는 기가 막히지만 목사님을 원망할 수는 없었다. 그리고 우여곡절 끝에 이사를 강행 했지만 우리 부부는 이사를 위해 돈을 추가로 제 2 금융에서 더 마련해야 했고 부담은 엄청나게 가중 되었으며 그 목사님과 실랑이를 하는 동안 집을 팔수 있는 시기와 연락 온 매수자들, 전세로 들어올 분들을 모두 놓쳐 버렸다. 당시 너무 급해서 내가 집을 담보로 얻은 대출은 조건부 환매[4]라는 제도로 기존의 집을 팔지 않으면 이자를 수납하지 않아 결국 연체가 되는데 그 상황에도 집을 팔지 않으면 돈이 있어도 연체 이자 또한 수납하지 않아서 결국 신용 불량자가 되고 집을 날리게 되는 독특한 악법적 제도였다.

나는 연체이자, 일반이자, 사채 등의 이자로 가진 전부를 서서히 잃어갔다. 그리고 다 없어진 빈 통장을 앞에 두고 내가 쫓아다니던 물질이 얼마나 덧없는 것인가를 알게 되었다. 하나님은 그렇게 물질을 모두 가져가시고 지금의 빚도 남겨 주셨다. 그러나 나는 물질과 하나님을 겸하여 섬길 수 없다는 교훈을 깊게 알게 되었고 하나님은 나의 교만과 물질에 대한 집착을 굴복시키셨다. 그 후 나에게는 아무런 미래가 없어보였다. 간신히 먹고 살며 쓰러진 등불같이 희미하게 가정을 이끌어 갔다.

그때 하나님의 목소리가 강하게 들렸다. "내 일을 해라! 내 일을 해라!" 그 말씀은 나를 신학교를 스스로 가게 하셨다. 더 이상의 불순종으로 말미암아 물질보다 더 귀한 것을 잃을까 두려웠기 때문이다. 그러나 돌아보니 이것이 하나님의 은혜라는 것을 알게 되었다. 그 이유는 히브리서 말씀대로 징계나 고난이 없으면 내가 고아이기 때문이다. 그 이전처럼 지금까지 살게 두셨다면 나는 물질을 우상으로 섬기며 가진 것으로 해외여행에 중독되어 살았을 것이다. 또 대인 관계 한답시고 가진 술자리들이 나를 더욱 망가트렸을 것이다. 한마디로 경건이 없던 삶이었다. 그런 나를 하나님은 불러 주셔서 생명의 말씀을 전하게 하시니 그 은혜가 지금은 얼마나 크고 감사한지 모른다.

내가 잃었다고 생각하였던 것들이 사실 내 것도 아니었다. 지금은 내가

---

4) 노무현 정부 때 1가구가 집을 하나 더 사려할 때 기존집의 전세금으로 새집을 대출 받아 사는 과정에서 살던 집을 1년 안에 팔지 않으면 새집 대출금을 이자 원금 모두 수납하지 않는 대출제도 그러나 대출을 받지 않고 그냥 현금유동이 많은 사람이 집을 더 사면 문제되지 않아 법의 맹점이 심하여 중도 폐지된 제도

가졌다고 생각했던 이전의 행복보다 더욱 따뜻한 가정과 세상에서 당당한 두 딸들, 목사로 말씀과 간증과 연주를 할 때 주시는 감동과 은혜 등을 주셨다. 나는 모든 것을 잃은 줄 알았는데 목사로 부르신 것에 순응하는 순종 하나로 모든 것을 얻었다는 것을 이제야 알게 되었다.

> "집 하인이 두 주인을 섬길 수 없나니 혹 이를 미워하고 저를 사랑하거나 혹 이를 중히 여기고 저를 경히 여길 것임이니라 너희는 하나님과 재물을 겸하여 섬길 수 없느니라"*(눅 16:13).*

공매에서 집을 팔다
(큰아이 악기 값을 주신 은혜)

2008년, 우리 가족은 우여곡절 끝에 분양받은 새집으로 이사를 왔다. 이제 집은 두 채인데 부채가 총액의 80%에 육박하여 그 이자로 인해서 매우 힘든 생활이 연속되었다. 살던 기존의 집은 결국 팔리지 않아 공매에 들어가서 가격이 정해진 후 5%씩 계속 떨어지고 있었다. 사람들은 그때 왜 집을 급매로 안 팔았냐고 다들 물었다. 그러나 우리에게는 여러 가지 사건들이 있었다. 그때 우리 집을 사러 오던 사람은 교통사고가 났다. 또 다른 매수자가 생겨 부동산에서 도장을 찍으려 하면 싸움이 나는 등의 크고 작은 사건으로 모든 계약이 취소되었다. 이런 일들이 계속되자 어느 날 나는 이렇게 기도하기 시작했다.

"하나님, 시키는 대로 다 할게요. 시키는 대로 다 한다고요."

2년 동안 거액의 이자납부로 지칠 대로 지친 후 나온 기도였다. 그리고 일주일이 지났다. 어느 날 살던 집을 맡겨 공매를 진행하는 기관인 자산관리공사의 담당 과장님에게 연락이 왔다. 어느 매수자가 집을 이미 봤으며 계약을 하러 온다는 것이다. 정말 이해가 가지 않았다. 그렇게 집을 팔려고 몇 년을 노력했건만 다 깨진 계약들이 내가 시키는 대로 다 한다는 기도를 한지 일주일 만에 그것도 이미 집을 보고 계약을 한다는 것이다. 그러니 내가 마음을 결정하고 내심 신학교를 가겠다고 결심한 2-3일 후부터 집을 살 분은 우리 집을 돌아보기 시작하신 것이다. 나는 소름이 끼쳤다. 기쁜 마음으로 삼성동에 있는 자산 관리 공사 사무실로 달려갔다. 그럴 수밖에 없는 것이 이제 집을 팔면 총 5억의 빚에서 3억여 원의 빚으로 줄어들었기 때문이다.

당시 우리 부부는 큰 아이에게 음악을 시키고 있었다. 입시를 앞두고 악기를 사주어야 하는데 악기를 살 돈이 없었다. 싸구려 연습용 악기로 대학 관현악과 실기 시험을 치르게 한다는 것은 말이 되질 않았다. 우리는 1년 동안 아이의 악기를 달라고 기도하고 있었다.

우리 부부는 자산 관리 공사에서 계약서에 도장을 찍기 전 매매액수를 보았다. 이상하게 우리가 생각한 것 보다 많았다. 계약자가 3일만 있으면 5%

의 금액이 더 떨어지는데 모르고 현재 가격으로 계약을 하고 있는 것이었고 우리는 당연히 5% 떨어진 금액으로 계약을 쓸 줄 알았다. 상황은 이러했다. 계약은 금요일 저녁이었고 5%로 빠지는 시행은 월요일이기 때문에 당연히 5%로 낮은 금액이 맞을 것이라 생각했다. 어떤 분이 3일만 있으면 되는데 현재 금액으로 계약을 하고 계신 것이다. 자산 관리공사의 담당 과장님은 능청스럽게 말씀하였다.

"저는 묻는 것만 말해 줍니다. 매수자가 가격변동이나 미래가격, 예전가격, 공매 조건 등 다 알고 있다고 그냥 계약만 하자고 해서요."

참 감사했다. 담당 과장님의 센스도 하나님의 은혜였고 매수자가 자신이 모든 것을 안다고 정황을 묻지도 않고 집을 계약 하는 것이 모두 하나님의 은혜라 여겨졌다. 물론 그 가격이라도 그분은 시세보다 싸게 사는 것이고 나는 2천만의 이익을 더 볼 수 있었던 것이다. 이어지는 담당 과장님의 말씀이 더 감사했다. "일반적으로 공매에 들어오면 헐값에 집을 날리는데 이정도 가격이면 장 선생님은 제값을 거의 다 받고 파시는 겁니다"라고 하셨다.

"그렇구나! 하나님은 나훔서 말씀처럼 환난 날에 산성이시구나"라는 것을 또 알게 되었고 순종하면 화에서 복으로 돌이키시는 은혜도 경험하였다. 드디어 예전 집을 처분하고 전세를 빼주고 잔액은 그 집에 해당하는 융자를 갚고 사채도 갚고 큰 딸 아이의 입시를 위해 보아둔 악기를 사줄 수 있었다. 그렇게 딸아이의 악기까지 생각해 주신 하나님의 자상함을 보며 나는 기독교인에게는 각자의 분량만큼의 축복이 있다는 것을 믿게 된 결정적 계기가 되었다.

그렇게 나는 하나님께 순종하고 신학교를 가기로 하여 물질적 고난과 연단의 큰 고비는 일단락 지어졌다. 그 후도 신학생으로 살면서 안수를 받고 목사로 살면서 풍족하지 않는 삶을 살고 있지만 언제나 필요를 채우시는 하나님을 경험하였다. 특히 집을 팔 때 우리 아이들과 같이 본 하나님의 역사하심은 언제나 우리 곁에 계신 하나님을 만나는 큰 경험으로 기억되었고 둘째에게도 때가 되면 복을 주신다는 확신을 갖게 된 계기가 되었다.

> "땅을 돌보사 물을 대어 심히 윤택하게 하시며 하나님의 강에 물이 가득하게 하시고 이같이 땅을 예비하신 후에 그들에게 곡식을 주시나이다"*(시 65:9).*

이제 목사 되어서
정신 차리려나 봐요

사람이 마음으로 자기의 길을
계획할지라도
그의 걸음을 인도하시는 이는
여호와시니라

오크벨리 교회 나무십자가 플루트 앙상블 초청연주 제자들과 함께

신학전문 대학원 입학

2011년 5월, 하나님의 인도로 나는 평택대학교 신학 전문대학원에 원서를 넣고 2011년 9월에 신학교에 첫 발을 디뎠다. 2010년, 나는 건강이 급속도로 안 좋아지며 여러 가지 장애로 인한 합병증이 더 드러나기 시작했다. 그렇게 몸이 약해지며 느낀 것은 더욱 순종해야겠다는 것이었다. 그리고 미루고 미루던 신학교를 결국 입학하였다.

학교는 정말 깨끗했다. 대학원동에 엘리베이터도 있었고 수업이 있는 2층에 매점도 있었다. 하나님이 왜 이 학교로 인도하셨는지 알 수가 있었다. 나는 휠체어를 타고 공부하고, 화장실 가는데 문제가 없었고, 매점도 있어서 쉴 수가 있었다. 이전에 구역 목사님이시던 고정열 목사님과 상담을 할 때 나는 꼭 편리한 데를 가야 한다고 조언하셨는데, 그 조건이 모두 갖추어져 있었다.

또한 신대원 채플도 기존 구 기념관에서 내가 갈 수 있는 엘리베이터가 갖추어진 새 건물로 옮기기로 했다는 대학원장님의 배려 섞인 말씀도 전달받았다. 모든 것이 참 은혜였다. 장애인인 내가 공부하기에 최적의 장소이며 환경이었다. 비엔나에서도 그랬다. 언제나 내가 공부하기 좋은 동선, 장소, 선생님, 화장실, 매점, 식당, 동료 등 하나님은 자상하게 신학교 입학과 또 함께해 주셨다. 그렇게 하나님이 도와주지 않으시면 사실 공부가 불가능하기 때문이다.

그럴 때 마다 생각했다. '과연 지금까지 내가 한 것은 무엇인지!' 언제나 모든 것을 하나님이 이끄시고 인도하시고 도우시니 내가 한 것은 그저 따라간 것 밖에 없는 것 같았다. '그래! 해 보자! 신학은 다들 힘들어서 쉬기도 하고 그만 두기도 하던데, 그때 그만 두면 하나님이 다 이해하실 거야.' 내 머릿속에는 입학하고 첫 학기가 시작 되었는데도 이런 마음이 떠나질 않았다.

부러진 십자가

2012년 가을, 어느 날로 기억 한다. 신학대학원 2층 건물에는 기도실이 있는데 언제나 학교에 도착하면 그 기도실을 들르곤 했다. 그날도 기도를 하러 창가 쪽 끝 방을 들어갔는데 부러진 십자가가 바닥에 나 뒹굴고 있었다. 나는 마음이 너무 아팠다. 건조한 온도 탓에 갈라져 부러져 있었던 것 같았다. 나는 그 십자가를 구석에 고이 모셔놓고 기도실에서 나와 주중과 주말 내내 그 십자가 생각밖에 나지 않았다.

돌아온 월요일 학교 가는 날이었다. 나는 나무 풀과 검정 테이프 등을 준비하고 학교에 가서 기도실로 달려갔다. 그 십자가는 아직도 부러져 나뒹굴고 있었다. 나는 정성스럽게 접착제를 발라서 검정 테이프로 그 십자가를 싸맸다. 마음이 울컥하고 눈물이 났다. '이렇게 하나님이 고통 받으셨구나! 부러진 십자가처럼…' 다시 십자가를 창틀 위에 조심스럽게 내려놓고 기도실을 나왔다. 또 한 주 동안 부러진 십자가 생각만 들었다. 한 주가 또 흘러 그 기도실로 달려갔다. 그 십자가는 창가에 고이 모셔져 있었다.

나는 상처 난 십자가를 고이 싸둔 검정 테이프를 떼기 시작했다. 단단히 붙은 십자가가 나타났다. 그리고 그 십자가를 원래 있던 기도실 중앙에 다시 걸어 두었다. 나의 마음은 순간 평안과 기쁨으로 가득 차올랐다. 꼭 예수님이 우리로 인해 고통 받으신 상처를 싸매 드린 것 같았다. 나는 졸업한지 많은 시간이 흐른 지금도 가끔 학교를 가면 그 기도실에서 그 십자가를 찾아 들어가 곤 한다. 현재까지는 십자가는 그대로 있다. 그리고 혼잣말을 하곤 한다. "예수님, 이제 안 아프시죠?"

"만일 한 지체가 고통을 받으면 모든 지체가 함께 고통을 받고 한 지체가 영광을 얻으면 모든 지체가 함께 즐거워하느니라" (고전 12:26).

성령님의 방문

2013년 봄, 종강 채플 시간이 되었다. 종강과 개강 채플은 언제나 성찬식을 하였다. 그날도 어김없이 성찬식을 교수님들과 신대원생 전체 학우들이 하게 되었다. 성찬이 끝나자 나에게 하나님이 크게 말씀하시기 시작했다. "나가서 기도해라!" "내가요?"라고 물었다 하나님은 대표 기도를 하라고 말씀하셨다. 나는 마음이 매우 불편하였으나 끓어오르는 성령의 말씀을 따라 순종했다. 내가 조용히 앞으로 나가자 사회를 보던 전도사님이 "무슨 일이세요?"라고 물었다. 지금 내가 기도를 하고 싶은데 괜찮은지 말을 건넸다. 모든 신대원생들과 교수님들이 의아해 했다.

　나는 그렇게 나가서 기도를 하는데 갑자기 성령님의 말씀이 들렸다 "무릎을 꿇어라!" 나는 순종하여 휠체어에서 내려와 차가운 바닥에 무릎을 꿇었다. 그때 놀라운 일이 벌어지기 시작했다. 모든 교수님들과 학생들이 다 채플실 바닥에 무릎을 꿇은 것이다. 채플 시간에 성찬을 마치고 나를 따라 무릎을 꿇게 하시더니 모두에게 성령의 은혜를 부어 주셨다. 나는 성령님의 뜨거운 임재를 느끼며 기도하기 시작했다. 눈물이 흘러 앞을 가렸다.

　"하나님, 이 학교를 세워 주세요. 100년이 지나도 빛을 못 보는 우리 신학교입니다. 여기서 공부하고 다 다른 데로 가버리는 학교입니다. 많은 사람들이 거쳐 가기만 하는 산파 같은 이 학교, 이 학교를 세워 주세요."

　그때 모든 학생들과 교수님들이 다 눈물을 흘리며 흐느끼는 소리가 들렸다. 내 기도가 끝나자 당시 김문기 대학원장님의 대표 기도가 이어졌다 역시 흐느껴 울고 계셨다.

　"하나님, 교만해서 죄송합니다. 하나님, 학생들을 더 사랑하지 못해서 죄송합니다. 하나님, 열심히 못 가르쳐서 죄송합니다."

　교수님들과 학생들의 참회의 눈물은 정말 뜨거운 성령의 역사였다. 그날의 성령의 은사는 알 수 없는 기적의 날이었다. 언제나 건조하고 상투적인 학교, 가르치고 배우는 일상 외에는 하나님의 사랑, 은혜가 안보이던 일상의 수업시간에 하나님이 나를 통해서 그날 평택대 신학전문대학원에 은혜를 주신 것이었다. 얼마나 감사한 하루였는지, 지금도 그 뜨거운 성령의 은혜를 잊을 수가 없다.

교우가 준 상처

신학교 입학 전 내가 칼빈 신학교 교회음악과 교양 플루트 수업 시간을 강의할 때였다. 육순이 다 되신 장로님 한 분이 신학 학부 학생으로 다니셨는데 열심히 플루트를 배우셨다. 신학과, 음악과, 유아교육과가 통합으로 운영하는 과목이어서 신학과 학생들이 대거 플루트 수업에 들어온 것이다. 그분은 열심히 배우시려 했지만 나이로 인해 몸이 굳어 발전이 더디셨다. 그럴 때마다 나는 용기를 주며 열심히 가르쳐 쉬운 찬송가 한 두곡 정도는 연주가 가능하게 되었다.

그 장로님 신학생은 매우 기뻐하며 "저희 집이 시골인데 매일 밤에 비닐하우스에서 연습해요"라고 너스레를 떨었다. 그 분은 "교수님, 제가 이 악기를 할 수 있을까요? 또 신학을 하는데 다 마칠 수 있을지 걱정입니다"라고 미래를 걱정하며 묻곤 했다. 나는 "그럼요" 라고 말하며 용기를 주며 언제나 격려하였다.

세월이 흘러 나는 칼빈대를 사임하고 평택의 피어선 신학전문 대학교

대학원과정에 입학하여 4학기에 접어들고 있었다. 주차를 하고 대학원 건물에 들어가려는데 낯익은 분이 내게 "교수님"하고 부르며 인사를 하였다. 이게 누군가 그 장로님 제자였다. 나는 매우 반가웠다. 그분은 내가 다니는 신대원의 후배로 들어오신 것이다. 말씀인즉 집이 멀지 않아 이곳에서 신학대학원을 하려고 입학한 것이라고 하였다. 기뻤지만 같은 학생이 된 것이 조금은 혼란스러웠다.

그 후 5월, 신대원 세미나가 있는 날이었다. 나는 미리 가 있는 동문들과 합류하기 위해 학회장에게 전화를 했다. 그런데 학생 대표가 장소를 잘 설명하지 못했다. 그때 갑자기 어떤 분이 전화를 빼앗더니 장소를 설명하는데 모두 반말이었다. 마치 아랫사람 대하듯이 하대하는 말투가 매우 불편했다. 바로 그 장로님 신학생인 것을 처음부터 알 수 있었다. 그분이 길안내를 다 해준 후 나는 웃으며 "이제 서로 말 놓는 거지요?"라고 웃으며 물었다. 그런데 정말 이해 할 수 없는 일이 벌어졌다. 그 장로님은 다짜고짜 쌍시옷이 들어간 욕을 숨도 안 쉬고 쏘아대기 시작했다.

정말 들어보지도 못한 천박한 욕들을 해대기 시작하는데 나는 억장이 무너지고 살이 떨리고 갑자기 왜 이러는지 이해가 가지 않았다. 이루 헤아릴 수 없는 욕들이 전화상으로 터져 나왔다. 왜 갑자기 나를 이렇게 멸시하고 있는지 알 수 없었다. 그간 서로 존대하며 아주 짧은 대화를 학교에서 나누며 목례한 것이 전부였기 때문이다. 그리고 그 분은 전화를 끊으며 나를 죽여 버린다고 빨리 오라고 했다. 설마하는 마음으로 장소에 도착했다. 그런데 그분이 주차장으로 마중을 나왔다. 나는 사과하려나 보다 생각했다. 그런데 갑자기 또 욕을 마구 해대기 시작했다. 들을 수 없이 격한 욕들이었다. 그렇게 직접적으로 연속 욕을 먹은 것은 난생 처음이었다. 나는 심한 충격에 또 휩싸였다. 특히 내가 장애인인데 이 병신 같은 놈 죽여 버린다고 하며 내 휠체어와 다리 등을 위아래로 스캔하듯이 바라보며 비아냥거렸다. 그때 학회장과 설교학 교수님이 나를 반기며 이쪽으로 걸어 나오기 시작하셨다. 그때 그분들과 인사하고 그 분들이 돌아서서 가시자마자 잠시 멀리 떨어져 있다가 다시 돌아와서 또 욕을 해대기 시작했다. 그 분은 내가 가르쳤던 제자가 아닌가! 어찌 이런 모멸을 줄 수 있는가! 나는 서러워서 눈물도 나오지 않았다. 나는 차를 돌려 M.T 장소를 도망 나오듯 벗어났다. 왜 그런지 알 수가 없었다.

나중에 안 사실이지만 같은 신학생이고 자기가 20여년 나이가 많아 내가 조카뻘 밖에 안 되는데 내가 자기에게 건방지게 행동했다는 것이었다. 나는 그 후 그 제자 장로님으로 인해 심한 우울과 트라우마에 시달렸다. 기말 고사를 보는 둥 마는 둥하고 도망치듯 종강을 했다. '절대로 다시 학교에 돌아가지 않으리라, 이정도 일이면 하나님이 학교에 가지 않아도 용서하실 거야'라고 생각했다.

다시 생각하면 해프닝이지만 큰 깨달음을 주는 사건임은 분명했다. 예수님도 이보다 더 큰 모멸을 제자에게 받았다는 것이다. 내가 예수님의 고통을 이해할 수도 없고 차원이 다르지만 그래도 '이렇게 억울한 것이구나!'라는 생각은 갖게 된 사건이었다. 그런 깨달음이 있었는데도 나는 다음 학기에 등록을 하지 않았다. 두 학기면 졸업인데 나는 학교를 떠나기로 결심했다. 그렇게 결심하고 나니 마음이 담담해지고 편안해 졌다. 그간 신학교를 다니며 너무 힘들었고 가계는 더욱 어려워져 가는데 신학교를 더 이상 다니지 않아도 될 것 같은 당위성이 생긴 것이다.

> "여호와여 우리에게 은혜를 베푸시고 또 은혜를 베푸소서
> 심한 멸시가 우리에게 넘치나이다" *(시 123:3).*

뜻밖의 장학금

그 장로님의 멸시가 있던 여름, 그 8월에 나는 수원의 중앙복지재단 스완슨 유지재단 양로원에 응급차량 구입을 위한 모금 음악회를 개최했다. 더운 여름이었는데 가수 이현우, 바이올린 나사렛대 조인상 교수, 트럼펫 박상미 교수와 트럼펫 트리오, 수원여자 대학교 차문수 교수가 이끄시는 남성교수 6인조 중창단 칸투스 등과 90여명의 윈드 오케스트라 단원을 조성해서 음악회를 열었다. 음악회는 대성황이었다.

경기도 문화예술의 전당 대 공연장 1,500여 석의 좌석이 꽉 들어차는 은혜가 일어났다. 모금도 9,600만원이 넘어 응급차량도 구입하고 음악회 비용도 충분이 충당되었고 남는 비용으로 업무용 소형차도 구입하였다는 후문을 들었다.

물론 양로원 원장님이신 서덕원 목사님과 수많은 직원 분들의 헌신적 노력의 결과였다. 또 복지재단의 이사장님이며 담임 목사님이신 고명진 목사님

의 전폭적 후원이 있어 많은 성도와 기관 사회단체가 기부에 나선 것이었다. 당연히 나 혼자 힘으로는 모든 것이 불가능했다. 나는 그저 음악을 책임지고 100여명의 출연진과 음악을 만드는데 6개월간 혼신을 기울였다. 후일 이 음악회와 몇 번의 자선음악회를 이끈 계기로 인해 장애인 문화 예술대상(*지휘자, 플루트 연주자*) 국무총리 상을 수상하여 두둑한 현금과 트로피, 상장, 훈장을 받았다. 그런데 앞서 언급한 신학교 제자 장로님의 욕설 사건과 이 음악회는 깊은 연관이 있었다.

제자 장로님의 욕설 사건은 5월이고 연주는 8월 13일이었다. 그리고 나는 마음먹은 대로 신학교에 가지 않으려고 9월 새학기 등록을 하지 않았다. 사실 공부하느라 심신이 지치고 피폐해진 살림으로 인해 좀 쉬고 싶은 마음이 굴뚝같았다. 9월 둘째 주가 되니 마음이 편해지며 일상으로 돌아가서 열심히 일하고 학교에서 수업하고 연주생활하며 가르치는 일상만으로 행복해지기 시작했다.

그때 신학교에서 교학 과장님이 전화가 왔다. "장 교수님, 왜 학교에 나오지 않죠?" "제가 좀 쉬려고요." 나는 이렇게 대답했다. 그 대답을 하는 순간에도 그 장로님이 나를 모욕하던 그 생각이 떠나질 않았다. 그러나 쉬고 간다는 말은 거짓말이고 다시는 그 학교로 돌아가지 않으리라 생각했다. 그 얼굴을 다시 보느니 다른 학교에서 다시 1학년부터 시작해도 무관하다 생각했다. 그러자 "그럼 이 장학금은 어쩌죠?"라고 하셨다. "장학금요? 제가 이번에 장학금이 나오나요?" 우리 신대원에는 장학금이 매우 열악했고, 또 대학원은 장학금 제도가 적은 터라 이해가 가지 않았다.

그때 과장님이 다시 말을 이어가셨다. "장은도 전도사님 앞으로 이번 학기 등록금 전액이 입금 되였습니다." "그게 무슨 소린가요?" 나는 크게 놀랐다. 그러자 그 입금자를 말씀하시는데, 여름에 자선음악회를 해준 중앙복지재단의 서덕원 목사님이셨다. 나는 너무 놀랐고 감사했지만 곧 학교에 다시 돌아가지 않을 생각으로 "환불해주세요"라고 말을 건넸다. 그러자 교학 과장님은 이건 장학금으로 들어와서 이월 학기도 안 되고 이번에 안 다니면 소멸된다는 것이다. '나는 다시 가기 싫은데.' 속으로 수십 번 '오, 주여!'를 외쳤다. 그러나 별 방법이 없었다. 나는 그 여름 음악회 때 일체 사례비를 받지 않았다. 나는 하나님의 일이라고 생각했기 때문이었다. 그 마음을 아시고 이사장이신 고명진 담임 목사님과 서덕원 원장목사님이 내 신학교 등록금을 장학금으로 주시기로 합의하신 것 같았다.

학교를 계속 다니게 하려는 하나님의 계획이셨다. 이렇게 강하게 이끄시는데 도망가면 신학교 가기 전의 고난보다 더 큰 고난에 빠질 것 같았다. 울며 겨자 먹기로 학교로 돌아갔다. 사람들은 9월이 거의 끝나갈 무렵 나타난 나를 보며 매우 의아해 했다. 그 후 나는 무사히 학교를 졸업했고 목사가 되었다.

"사람이 마음으로 자기의 길을 계획할지라도 그의 걸음을 인도하시는 이는 여호와시니라"*(잠 16:9)*

가장이 되면 힘들어요
그래서 꼭 하나님을 믿어야 해요

이스라엘아 여호와를 의지하라 그는
너희의 도움이시요 너희의 방패시로다

큰 딸아이의 길을
인도하시는 가운데 만난 하나님

큰 딸아이는 손재주가 좋아서 우리 부부는 치과 의사가 되길 원했었다. 그런데 어느 날 성적표를 본 아이 엄마는 "여보, 이 아이는 공부가 아닌가 봐요"라고 청천벽력 같은 말을 했다. 사춘기가 되면서 성적이 요동을 친 것이다. 우리 부부는 고민에 빠지기 시작했다. 이 아이가 그동안 해온 것은 공부 외에는 바이올린이 전부였다. 그런데 아이는 이미 고1이었고 사춘기로 인해 방황을 시작할 때였다. 학원을 보내면 너무 즐겁게 아이들과 놀았고, 여기저기서 남학생들이 계속 따라 다녀 공부에 방해가 극도로 심했다.

또 학교에서 야간자율학습 시간에 도망쳐 공원에 나가 혼자 산책을 해서 담임 선생님께 훈계를 받고 벌점을 받아 교무실 청소를 하면서 학교를 다니는 등 우리 부부는 이런 모습이 매우 걱정이 되었다. 아이가 자기의 자리를 찾지 못해서 방황하고 있는 것으로 보였기 때문이다. 우리 부부는 하나님께 맡긴 자녀라 말만 했지, 우리가 원하는 곳으로 아이를 끌고 가려고 했다는 것을 알게 되었다. 그래서 기도하기 시작했다.

그런데 며칠 기도하다가 기도 중에 아이가 악기를 잡고 연주하는 작은 환상을 보았다. 그래서 그날 저녁 나는 큰 딸에게 "혹시 악기 다시 잡을래?" 라고 물었다. 그러자 아이는 싫지 않은 듯 "그거 하면 대학 갈까?"라고 되물었다. 아이도 자기의 성적이 떨어지고 있는 것에 내심 불안해하고 있던 눈치였다. 그러나 그 동안 하나님이 주신 연단으로 가진 것을 다 잃었기 때문에 아이에게 음악 레슨을 시키기에는 많이 부담스러웠다.

어느 날 아이 엄마는 가진 패물을 내 놓았다. 어디다 숨겨 놓았는지 금붙이 몇 개가 나왔다. 아이들 돌잔치 때 녹여 만든 금 가락지였다. "이것으로 싸구려 악기라도 사고 석 달은 동네에서 시작은 할 수 있을 거야!" 나는 눈물이 앞을 가렸다. 결혼할 때 변변히 해준 폐물도 없는데, 그나마 가지고 있던 금붙이를 팔아야 하는 것을 보며 마음이 너무 힘들었다.

"그래! 요단강도 법궤를 든 제사장들이 물에 발을 넣었을 때 갈라졌다! 시작해 보자!" 우리 부부는 이런 믿음으로 시작을 했다. 그런데 바이올린을 시키려 하는데 어느 날 TV에서 리차드 용재 오닐이라는 비올리스트가 나와서 인터뷰하는 장면을 우연히 보게 되었다. 그런데 바이올린을 처음에 했는데 자기의 큰 체형과 팔 길이에 안 맞더라는 것이었다. 그래서 잡은 비올라가 편해서 여기까지 오게 되였다는 간증이었다. 나는 그 말을 듣고 아이에게 비올라를 잡아보게 하였다. 확실히 바이올린을 잡을 때 보다 자세가 안정되어 보였다. 큰 딸도 신장이 170cm라서 팔이 길었기 때문이다.

'이거구나!' 하나님이 지혜를 주시고 이끄시는 듯 했다. 우리 부부는 기도하기 시작했다. "하나님, 길을 열어 주세요." 이제는 아이를 강하게 이끌 선생님이 필요했다. 그렇게 기도하기 시작한 후 어느 날 교회에서 희선 학생 어머니 집사님이 갑자기 말을 건넸다. "아이가 악기 한다며, 뭐 하는데?" 내 아내는 "비올라요"라고 말했다. 그런데 가만히 생각해 보니 그 집사님 아이가 서울예고에서 비올라를 한 후 연세대에 진학한 학생이었다. 아내는 "기도해 주세요"라고 했다. 그때 그 집사님의 대답이 매우 거슬렸다. "글쎄! 한번 물어보고." 이게 무슨 소리지? "물어보고"라니 누구에게 물어? 원래 성격이 튀는 집사님이라 그냥 그러나 보다 했다. 그런데 며칠 있다가 그분에게 전화가 왔다.

부부 모두 집으로 와 달라는 것이었다. '그냥 기도하면 되지 웬 생색을 그리 내시는지'라는 생각이 떠나지 않았다. 우리 부부는 조금은 불쾌했지만 같은 교인이고 주니어 오케스트라의 자모 회원이므로 방문하기로 했다.

집사님 댁에는 몇 분의 여 집사님들이 같이 계셨다. 좀 당황했지만 사정은 이러했다. 그 집사님은 누군가를 위해 기도를 시작하기 전에 하나님께 묻고 하신다는 것이다. 하나님이 그 사람을 위해 기도하길 바라시는지 아닌지를 먼저 묻는단 말씀이었다. 난 좀 당황했다. 그래도 내가 수십 년 교회생활하고 봉사도, 교회 연주도, 많이 하고 이제는 목사가 되기 위해 신학교도 다니는 신학생인데, 그분의 영적 잘난 척이 심하다는 생각이 들었다.

그런데 사실은 나에게도 그런 경험이 있었다. 음악하며 심사할 때 만난 선생님인데 행실이 안 좋았다. 또 술수도 잘 쓰는 분이었고 주색을 좋아해서 교제의 한계가 있었다. 그분은 또 그럴듯한 학교에 적을 두고 있었고 돈을 잘 버는 능력자였다. 나는 그 분의 삶을 보며 안타까운 생각이 들었고 곧 벼락 맞을까 걱정이 되었다. 그래서 전도하려고 그 분을 위해 기도했던 적이 있었다. 몇 번 그 분을 위해 기도하자, 어느 날 깊은 곳에서 이런 음성을 들렸다. "그 사람을 위해 기도하지 마라." 너무도 단호하고 강한 말씀 이었다. 이 응답의 말씀을 듣고 나는 곧 그분의 전도를 위한 기도를 멈춘 기억이 있었다. 그런데 집사님이 그 말씀을 하고 있는 것이었다.

'그래, 저게 정답이지. 기도는 저렇게 해야 하는 거구나! 전적으로 하나님의 의중을 헤아리며 해야 하는구나!' 우리 부부는 진짜 기도꾼들을 만난 것이었다. 그리고 그분과 같이 계신 분들은 성령의 동지들이었던 것이다. 사실 우리 둘째 아이가 경희대 대학원을 가게 될 것도 그날 밤 미리 알게 되었다. 우리는 그날 정말 뜨거운 중보기도를 받았다. 네 분이 우리 부부를 둘러싸고 벌이는 방언의 기도, 눈물의 기도, 간절한 기도를 통해 우린 또 다른 회복이 일어났고 감사를 느꼈다. 또 아이의 미래에 대한 두려움이 없어지기 시작했다. 그리고 이제 큰 아이 이야기를 하는데, 그 집사님 아이의 선생님이신 비올라 계에서 가장 유능하시다는 K 교수님을 소개시켜 준다고 했다.

우리는 "참 감사한데 그럼 비용이… 또 그분이 교회를 다니시는지요?"라고 두 가지를 물었다. 그때 그 집사님은 우리 부부의 물음대신 이렇게 말씀해 주셨다. 비올라 K 교수님의 사무실이 강남의 모처인데 기도가 많이 쌓인 곳이라고 하셨다.

며칠 후 그 집사님이 연락처를 주셔서 아이를 데리고 그 소개받은 K 선생님을 찾아갔다. 엘리베이터가 없는 건물 4층 계단을 힘들게 목발에 의지해서 올라갔다. 헐떡거리며 첫 인사를 하는데 매우 미안했다. 아이의 실력을 보자고 해서 간단히 오디션을 보려 하는데 아이가 너무 떨고 있었다. 내가 봐도 연주는 형편없어 보였다. 그런데 그 짧은 오디션을 보는 동안에 K 교수님은 이중 주차한 본인의 차를 빼달라는 전화를 4번이나 받았다. 그분은 헐레벌떡 4번이나 위아래를 올라 다니시더니 우리 부부에게 미안해하시며 아이 실력과 상관없이 "그냥 내일부터 보내주세요"라고 하시는 것이었다. 나중에 생각해 보니 '그 교수님의 정신을 주차 문제로 쏙 빼 놓으신 분이 하나님이시구나'라는 생각이 들었다. 그리고 숨 가쁘게 입시를 치르고 아이는 결국 D대학에 합격했다.

학교를 다니는데 더욱 감사한 일이 생겼다. 2학년부터 국가장학금과 학교 장학금을 포함하여 전액 장학금을 받기 시작했다. 그 다지 공부를 열심히 하지는 않는데도 학비는 계속 이 방법, 저 방법으로 하나님이 채워 주시고 더 수준 높은 학교에 가지 못한 것이 한이 된 우리 부부에게 아이는 계속 기쁨을 주었다. 그러던 중 아이가 대학 3학년 겨울, 세종 문화 회관에서 실시하는 무슨 오디션을 보러 간다는 것이다. 나는 가만히 들으니 '서울 시립 유스 오케스트라'라는 말을 들었다. 그 단체는 서울시에서 30세 미만의 젊은 연주자들로 구성한 서울 시립 작은 오케스트라였다. "오디션 경험을 해 보는 것은 매우 좋지"라고 말하며 아이에게 가보라고 말해 주었다. 그런데 오디션이 있었던 그 다음 주 우리 가족은 뜻밖의 소리를 들었다. 아이가 합격했다는 연락이 왔다는 것이다. 우리 부부는 어안이 벙벙했다. "우리 아이가 세종문화회관 상주 단체에서 연주 한다고?" 나는 놀라움을 금할 수 없었다. 우리 아이를 아이의 능력 보다 높이시는 하나님을 만난 것이다.

아이가 단원이 되어 첫 연주를 한다고 하여 세종 문화 회관을 찾았다. 연주 내내 감사의 눈물이 흘렀다. 단원수준을 보니 우리나라 최고의 영재들이 즐비했다. 그 가운데에서 당당히 연주하는 딸아이가 대견했다.

'언제 저렇게 컸나? 아니 언제 저렇게 키우셨을까?'그런데 순간 내 뇌리를 스치는 한 장면이 떠올랐다. 우리 가족은 아이가 어릴 적에 서울에 살았다. 그때 세종 문화 회관이 있는 세종로를 자주 지나 다녔는데, 그 앞을 지날 때 작은 사건이 있었다. 당시 초등학생이던 큰 아이가 바이올린에 꽤 빠져 모 학교 경진대회에 입상한 후 세종 문화회관 앞을 지나가다가 생긴 이야기였다. 밤 8-9시 사이인데 조명을 켜 놓은 세종문화 회관을 보며 아이가 물었다. "아빠,

저 건물은 뭔데 저렇게 크고 예뻐?" "세종문화회관이야. 우리나라에서 제일 잘하는 서울시립 오케스트라가 있는 연주장이야." "우와 멋지다! 그럼 나도 크면 여기서 연주할래!" 나는 그때 크게 웃으며 "그럼 기도해야지! 말로만 하지 말고"라고 상황을 수습했다. 그러자 순간 큰 아이는 차안에서 고사리 같은 손으로 기도를 시작했다.

세종 문화 회관의 상주 단체인 서울 시립 유스 오케스트라에서 연주하는 딸아이의 모습을 보며 나는 그때 세종 문화 회관 앞을 지나며 기도하던 큰 딸아이의 모습이 갑자기 스쳐 지나갔던 것이다. '그래! 우리 아이가 세종문화회관 상주단체에 들어간 것이 그때 그 기도의 응답이구나!' 그 작은 딸아이의 기도를 기억하신 하나님의 놀라운 은혜에 대한 감동이 얼마나 가슴에서 요동쳤는지 모른다.

딸아이는 그날 첫 연주를 시작으로 대학원생인 지금도 4년째 그곳에서 상주하며 연주하게 하시는 은혜를 받고 있다. 그게 다가 아니었다. 내 음악 사역에 큰 딸을 든든한 동역자로 세워 주셨다. 내가 집회를 나갈 때는 '가정'이라는 주제를 가지고 자주 가는데 그때마다 같이 연주하기도 하고, 지휘자로 오케스트라를 이끌 때는 비올라의 한 파트를 맡아서 연주하기도 하며, 젊고 유능한 보조 연주자들을 여러 명 데려와 돕기도 하였다. 나를 성장시켜준 하나님이 내 아버지인줄 알았는데 하나님은 이제 딸아이의 아버지도 되어 계셨다. 나는 그래서 두 딸의 이야기를 할 때 더욱 하나님의 임재하심을 경험한 것을 기억하게 된다.

세월이 흘러 아이는 4년의 대학을 마치고 대학원 진학을 생각한다고 하였다. 우리 부부는 또 기도하기 시작했다. "하나님, 우리 아이의 길을 열어 주세요." 큰 아이는 신촌의 이화여대를 가고 싶다고 하여 원서를 넣고 시험을 치렀다. 그런데 결과는 낙방이었다. 큰 딸은 애써 괜찮다고 말하지만 힘들어 보였다. 떨어진 때가 4학년 11월이니까, 그해 겨울부터 딸아이는 뭔가 결심을 한 듯 달라지기 시작했다. 또 도전을 한다는 것이었다. 나는 "그런데 아빠가 돕기는 힘들 것 같구나"라고 했다.

아이는 실망하지 않고 친 할아버지에게 전화를 걸어 "저 대학원 가고 싶은데 할아버지 레슨비 좀 후원해주세요"라고 말씀 드렸다. 할아버지도 연로하셔서 일을 놓으신 상태인데 가까스로 100만원을 보내 주셨다. 레슨비와 반주비, 접수비 등을 고려하면 턱없이 부족한 액수였다. 그러나 큰 아이는 그 100만원을 시작으로 자기가 아르바이트 한 비용을 보태서 레슨을 받기 시작했다. 레슨을 자주 가지 못하는 바람에 갔다 오면 정말 진지하게 연습하며 준비하는 모습을 보였다. 하루에 7-8시간을 연습하니 손목이 시리고 손가락이 쑤시는 증상이 나타나기 시작했다.

그렇게 그 겨울을 혹독히 보내는 딸을 보며 내가 비엔나에서 공부하던 시절이 떠올랐다. '다 컸구나, 정말 감사 하구나!'라는 생각이 들었다. 그리고 그 다음해 5월 다시 이화여대에 원서를 넣고 준비하던 어느 날 생일 선물로 시험을 보기 전에 활 털이라도 갈아 주려고 악기사를 찾았다. 당시 활 털 상태가 너무 안 좋아 소리가 갈라지고 있었기 때문이다.

서초동 예술의 전당 아래 사거리에 있는 '쉐마'라는 이름의 악기사는 이태리에서 제작을 풀타임으로 공부한 젊은 마이스터 선생님이 갓 오픈한 악기사였다. 나는 지인의 소개를 받지 않고 이곳을 택하여 아이에게 가보라고 했다. 그 이유는 쉐마는 히브리말로 "귀 있는 자는 들으라"고 할 때 '쉐마'이기 때문이었다. 믿음이 없는 자가 악기사 이름을 '쉐마'라고 짓지는 않았을 것이기 때문이었다. 활 털을 갈기 위해 활을 맡기니까 교환하는 도중에 연습용으로 활을 하나 빌려 주셨다. 그런데 그 빌린 활로 연습하던 아이가 갑자기 감탄을 늘어놓기 시작했다. "아빠, 이 활 너무 좋아. 소리가 쫙쫙 붙어." "그래! 참 좋구나"라고 나도 말해 주었다. 관악기를 하는 내가 보아도 소리가 참 예쁘게 나오는 활이었다.

"좋아도 어쩔 수 없지, 비싼 것 같은데, 또 오늘 하루만 빌려주신 것 아니니?" 그리고 다음날 활을 찾으려고 '쉐마'악기사를 아이가 다시 찾았는데 딸아이에게서 전화가 왔다. 아이 말인즉, 지금 빌려준 활로 시험을 보라고 사장님이 그러셨다는 것이다. 사정을 들어보니 아이에게 사장님이 빌린 활과 기존의 활을 번갈아 가며 연주하게 하시더니 "이 활 보다 내가 빌려준 활이 소리가 더 좋구나! 그러니 이 활로 가서 시험을 보거라" 라고 말씀하셨다는 것이었다. 그런데 더 놀라운 것은 무료로 빌려 주신다는 것이었다.

정말 감사했지만 나는 전화를 걸어 너무 부담이 가서 몇 번을 거절했다. 그러나 사장님은 "목사님 가정을 도우니 선교라 생각할 것입니다. 그냥 쓰게 하시고 시험 잘 보게 하십시오"라고 말씀해 주셨다. 너무도 감사했다. 하나님의 은혜가 느껴졌다. '아이에게 가장 필요한 것을 주시는 구나. 하나님, 감사합니다.' 정말 눈물이 핑 도는 일이었다. 그 활은 나중에 알았는데 중형 승용차 한 대 값 이상의 가격이라고 하였다. 그리고 몇 주 후 우리 아이는 원 없이 시험을 치른 후 어느 날 오후, 나는 밖에서 일을 보는 중에 아이는 매우 흥분한 목소리로 울면서 전화가 왔다. "아빠, 나 이대 합격 했어"라는 말이 수화기로 들렸다. 아이와 엄마는 같이 울고 소리를 지르며 기뻐하고 있었다.

"하나님, 감사합니다. 언제나 우리 가족을 도우시는 하나님. 감사합니다."
하나님은 딸아이에게 한 번의 실패를 겪게 하시고 두 번째 시험에 아이가 성숙해지고 실력이 더 좋아져 상급 학교에 충분히 적응할 수 있게 되었을 때 합격시켜주시는 은혜를 베풀어 주셨다. 그 이유는 입학하고 나서 수준이 월등한 동료들을 만나서 더욱 알게 된 사실이었다. 하나님은 그렇게 또 큰아이의 미래를 이끌어 가고 계셨다.

"이스라엘아 여호와를 의지하라 그는 너희의 도움이시요 너희의 방패시로다"(시 115:9).

"그러나 하나님이 실로 들으셨음이여 내 기도 소리에 귀를 기울이셨도다"(시 66:19).

"사람의 걸음은 여호와로 말미암나니 사람이 어찌 자기의 길을 알 수 있으랴"(잠 20:24).

가장이 되면 힘들어요 그래서 꼭 하나님을 믿어야 해요 |

둘째 딸아이의 길을
인도하시는 가운데 만난 하나님

둘째 아이는 중학교 때부터 우리 집의 코디네이터였다. 이런 재능은 하나님이 주신 능력이라고 우리 가족은 생각했다. 고등학교 2학년이 되자 둘째 아이의 미래를 결정(전공)할 때가 되었다. 그런데 어느 날 이 아이가 하는 말이 참 감동이 되었다. 텔레비전에서 생로병사를 보며 "사람이 늙지 않으면 좋을 텐데"라고 둘째 아이가 말을 하는 것이었다. 나는 "그건 어쩔 수 없단다. 인간은 죄 때문에 늙고 죽게 되어 있지"라고 대답해 주었다.

그러자 딸아이는 "사람을 늙지 않게 해줄 화장품을 만들면 좋을 텐데"라고 말하는 것이었다. 그러더니 며칠 후 "엄마, 나 화장품 만들래"라고 말을 꺼내더니 화장품 발명학과나 관련과목을 공부하겠다고 하였다. 결국 우리 부부는 많이 반대를 했지만 아이의 고집에 넘어갔다. 입시철이 되자 대입을 수시로 끝내겠다는 아이의 신념에 따라 우리는 경기도에 있는 A 대학으로 면접을 보러 아침에 일찍 출발했다. 집에서 20분쯤 갔는데 신호 대기 중에 갑자기 "꽝!" 하는 천둥소리 같은 큰 굉음을 들었다. 너무 놀랐다. 그 순간 우리 가족은 다 같이 차안에서 요동치며 비명을 지르고 온몸은 흔들렸다. 교통사고였다. 그것도 매우 강하게 받힌 사고였다. 우리는 얼마나 놀랐는지 가슴은 크게 뛰고, 둘째 아이는 차아래 바닥에 떨어져 있고 아내는 벌써 목을 잡고 있었다. 나는 휠체어를 실은 트렁크가 위로 들린 것을 룸 미러로 확인 할 수 있었다.

"다 괜찮아?" 나는 다급하게 물었다 "괜찮아." "응, 나도 괜찮아." 아이와 아내의 대답이 이어졌다. 정말 다행이었다. '큰일이구나! 아이 면접인데.' 급하게 수습을 하고 명함을 건네받았다. 그리고 바로 면접장으로 향했다. 뒤 범퍼가 내려앉고 트렁크 뒤는 들려 있었다. 꽤 강한 충격을 느꼈는데 이만하기가 다행이었다. 범퍼는 떨어져 땅에 질질 끌리는데 우리는 면접장으로 달려갔다. 사고로 우리 가족의 상태는 다들 엉망이었다. 학교에 도착해 면접을 들어간 아이가 안 좋은 얼굴로 면접장에서 나왔고 아이는 결국 그 대학에 낙방했다.

"하나님, 왜 이 아이에게 이런 일을 주셨습니까?" 나는 마음이 힘들지만 꾹 참고 병원에 갔다. 한 동안 우리 가족에게는 침울한 분위기가 맴 돌았다. 그리고 둘째 아이는 충남의 한 대학에서 면접을 본 후 합격하였다. 나는 마음에 들지 않았다 경기도도 아닌 충남의 학교라니...

그런데 하나님의 역사는 그때부터 시작되었다. 아이가 대학교 1학년에 들어가자마자 교육부에서 발표하기를 부실대학으로 규정된 대학들은 공부를 아무리 잘해도 국가 장학금 혜택을 받지 못한다는 것이었다. 그런데 교통사고로 면접을 망쳐서 떨어진 그 학교가 바로 규제대상학교에 올라가 있었다. 또 그 학교는 화장품 제작이 아니고 화장품 용기 제작 학과로 아이의 길과는 관련이 없는 일종의 디자인 계열 전공이 있었다.

우리는 그 학교에 아이가 떨어진 것이 정말 큰 은혜라는 사실을 그때 알게 되었다. 그리고 대학에 다닌 지 몇 달 되지 않아 1학년 2학기부터 아이는 전액 장학금을 받기 시작했다. 단과 대학에서 언제나 영어는 1등이며 과에서는 교수님들의 칭찬을 달고 살았다. 그렇게 4년을 거의 한 푼도 들지 않고 장학생으로 화장품 만드는 학과를 다닌 우리 둘째 딸은 결국 담당 교수님의 추천으로 경희대 유전공학 피부생명 공학 전공 대학원에 학생 겸 연구원으로 2년 전액 장학금과 용돈까지 지급받는 조건으로 들어가게 되었다.

　　정말 하나님의 이끄심은 절묘했다. 그때 그 사고가 아니었다면 우리는 그 학교에 문제없이 보냈을 것이다. 성적이 유명대학 영어과를 갈 성적이었고 아이도 면접 준비를 잘 한 상태였기 때문이다. 그러나 하나님이 길을 바꿔서 인도하신 것이다. 그 교통사고로 받은 은혜는 아이의 학교뿐만이 아니었다.

　　그 당시 나는 얼굴과 왼손이 저리는 병에 시달리고 있었다. 플루트 연주자인 나의 직업상 큰일이었다. 나는 머리 사진(MRI, CT) 등을 여러 번 찍었고 한의원도 다녔는데 원인을 몰라 고생 중이었다. 그렇게 고생하던 문제는 교통사고로 간단히 풀렸다. 사고로 찍은 엑스레이를 판독하시던 의사 선생님이 지나가는 말로 "환자분, 목 디스크가 매우 심합니다. 이 정도면 머리로 올라가 다시 얼굴로 내려 올 수도 있어요. 그 동안 얼굴 저리지 않았어요? 팔도 저리지 않았나요?"라고 하는 순간 나는 몇 년간 나를 괴롭힌 병이 무엇인지 처음으로 알게 되었다.

　　1급 소아마비 장애인으로 허리 측만이 80도 이상 휘어 있는 상황에서 나는 수십 년을 목발에 의지하여 걸어 다녔으니 목 디스크 발병은 당연한 것이었다. 당장 걷지 않는 게 좋다고 의사는 조언했다. 그전에는 간헐적으로 목발을 짚었으나 완전히 목발을 놓고 휠체어를 타자 두 달 만에 목 디스크로 인한 얼굴과 팔 저림 등이 다 사라지기 시작했다. 하나님은 교통사고 한 건으로 세 가지 은혜를 주셨는데, 첫째는 둘째 딸의 학교를 그곳으로 가지 못하게 막으셔서 아이가 원하는 전공에 맞게 공부하도록 잡아주시고 입학한 학교에서 충분한 장학금으로 학교를 다니게 하시어 당시 신학생인 나의 어깨를 가볍게 해 주셨다.

셋째로는 나의 목 디스크를 알게 하시었던 것이다. 안 좋은 일을 당했지만 자녀에게 결국 좋은 것을 주시는 하나님이시다. 하나님은 그렇게 부족한 종의 자녀를 책임지고 길을 인도 하시는 것을 보게 되었다. 정말 감사하고 감사했다. 이것이 하나님의 종이 행사를 하나님께 맡기면 얻는 복이구나 싶었다.

"너의 행사를 여호와께 맡기라 그리하면 네가 경영하는 것이 이루어지리라" *(잠 16:3).*

집회 다니면 행복해요
그래서 나는 존재 하나 봐요

새중앙 침례교회 초청연주

동탄 꿈의 교회 새신자 초청연주(큰 딸과 함께)

집회 1

그간 200여회가 넘는 집회를 다녔다. 그 많은 집회에서 받은 은혜를 모두 소개할 수는 없지만 간단히 두 가지의 경우만 소개하려 한다.

부평의 동성 교회에서 연락이 왔다. 남선교회 회장님이신데 남선교회 헌신예배를 드린다고 간증과 연주를 부탁하셨다. 며칠간 기도를 하고 당일 기쁜 마음으로 동성교회로 향했다. 규모는 크지 않지만 안정된 분위기와 사랑이 넘치는 교회였다. 입구를 들어서 본당 안 장의자 사이로 가로질러 본당 단상위로 올라가는데 벌써 내 모습을 보며 앞에 앉아 계시는 집사님들이 눈물을 줄줄 흘리기 시작했다. '아! 이미 성령님이 와 계시는 구나.' 오늘 집회는 분명 잃어버린 생명을 하나님이 다시 찾으시는 날이 될 것 같았다.

연주를 시작하는데 첫 곡부터 앙코르가 터져 나오고 매번 큰 박수와 함께 "아멘! 할렐루야"가 연속 나오기 시작했다. 간혹 집회에 가면 반응이 매우 없는 교회를 만날 때가 있다. 그러면 나는 "성령님, 제발 도와주세요! 지금 함께 해 주세요"라고 기도를 하며 집회를 이끌어갔다. 그러면 그 기도가 상달될 때쯤 되면 거의 후반부에 이르러 많은 분들이 아멘으로 화답하시고 은혜 가운데 이르게 된다.

그러나 이 교회는 처음부터 분위기가 달랐다. 그동안 기도가 쌓인 것 같았다. 모두가 기뻐하며 아멘이 우렁차게 나오는데 나도 당황스러웠다. 집회는 그렇게 대 성공적이었다. 그런데 더 큰 은혜는 정작 나중에 있었다. 연주와 간증이 끝나고 CD판매와 사인회를 갖게 되었는데 많은 분들이 연주 CD 를 구입해 주셨다.

그런데 유독 한 분이 서너 장의 시디를 구입하신 후 나를 눈 여겨 보시며 자리를 떠나지 않고 계셨다. 30대 후반 정도의 여 집사님이신데 '내가 아는 분 이던가'라는 생각이 들 정도로 곁에 머물러 계셨다. 그런데 CD를 어느 정도 소진하고 모든 성도들이 귀가 하신 후 30-40장 정도 남았는데 갑자기 오시더 니 성도들이 사가고 남은 CD를 자기가 다 사겠다고 하셨다. 정말 깜짝 놀랐 다. 왜 그러시냐고 그렇게까지 하지 않으셔도 된다고, 남겨 가도 되는 것이라 고 말씀드렸다. 그런데 내용인즉 이러했다.

그 여 집사님은 제과점을 경영하는데 오늘 오전 매출이 약 40만 원 정도 되었다고 하셨다. 주일날 장사했으니 이 돈으로 CD를 모두 사서 손님들에게 나누어 주겠다는 것이다. 그리고 자신의 남동생이 자폐아로 고생을 하고 있 는데 교회를 다녀도 힘이 나지 않고 동생을 돌보는 것이 힘이 들고 믿음도 점 점 식어가고 해서 교회를 떠났었다고 한다. 그런데 오늘 하루만 예배드리러 다시 온 길에 나의 간증과 연주를 듣고 회복되어 동생과 다시 교회를 다니겠 노라 간증하신 것이다. 나는 너무도 기쁘고 감동이 되어 눈시울이 붉어졌다. 그 분은 결국 나머지 CD를 모두 구입하시며 감사하다고 인사를 열 번 정도 하고 귀가하셨다.

나는 돌아오는 길에 그 감동과 하나님의 살아계신 역사를 경험하며 한 없는 기쁨에 들떠 있었다. 어떤 집회든 하나님은 그곳에서 큰 은혜를 주셨다. 그러나 그 날 부평동 동성 교회의 은혜는 도저히 잊지 못하는 깊은 은혜의 장 이었다.

집회 2

지난겨울 나는 한통의 전화를 받았다 갓피플 초청 담당자였다. 대전 모 침례교회에서 집회를 요청했다는 것이다. 대전의 장대규 목사님이 담임하시 는 대석침례교회는 아담하지만 결코 작지 않은 깨끗하고 예쁜 단독 건물로 된 교회였다.

집회를 시작하여 간증과 연주를 하는데 벌써 분위기가 뜨거워지는 것을 느꼈다. 그리고 후반부에 들어 두 딸과 같이 연주를 하는데 성도님들의 반응 은 정말 뜨거웠다. 사람들은 내가 딸아이들과 연주를 하면 더 은혜를 받는다. 그 이유는 장애인의 몸에서 나온 딸들인데도 하나님이 잘 키워 주셔서 수려 하다고들 하신다. 그것이 바로 은혜였다. 1급 중증 장애인의 몸으로 이룬 가정 인데 열심히 자녀를 키운 모습에 어르신들의 감동이 이어졌다.

집회가 끝나고 다과와 티타임을 갖는데 어느 여학생이 울면서 찾아와 이 런 간증을 늘어놓았다. "나는 못생기고 공부도 못해서 다 포기하려 했는데 목 사님 간증을 듣고 힘이 나서 대학에 다시 도전 하려 합니다"라고 내게 털어 놓았다. 또 어떤 청년이 와서 내게 간증하기를 "사는 게 너무 힘들어서 안 좋 은 길로 빠지려고 했는데 오늘 목사님 간증 듣고 다시 힘을 얻어 신앙을 지키 며 살겠습니다"라고 했다.

정말 많은 분들이 우리 가족에게 와서 받은 은혜를 말씀하셨다. 특별히 믿지 않는 분들이 대거 참석하셨는데 모두 교회에 등록하겠다고 하셨다. 하나님의 은혜였다. 나는 하나님이 역사 하시는 회복을 보며 기쁨을 감추지 못했다. 청년들은 우리 두 딸과 사진을 찍느라 여념이 없었고 담임 목사님, 원로 목사님 모두 너무도 기뻐해 주셨다. 아이들도 오는 길에 오길 정말 잘했다고 진짜 보람 있는 연주였다고 덕담을 아끼지 않았다. 하나님은 부족한 나의 가족을 통해 성도를 회복하게 하시는 은혜를 주시고, 초청된 이웃이 교회를 다니겠다고 결심하는 은혜를 베풀어 주셨다.

하나님이 원하시는 것과
내가 원하는 것은 달라요

사람이 마음으로 자기의 길을
계획할지라도 그의 걸음을 인도하시는 이는
여호와시니라

CD자켓 사진

전문 지휘자가 되려는 꿈을 막으신 하나님

나는 음악 전반을 평생토록 공부해 왔다. 어릴 적부터 피아노, 기타, 플루트, 화성학과 작곡, 편곡 등 정말 감사한 경험을 많이 하였다. 이러한 이력은 제자들이 많아지면서 자연스럽게 지휘를 하게 되는 기회가 자주 생겼다.

나는 평소에 나사렛대학에 출강하며 존경하는 천안시향의 초대 지휘자이신 유봉헌 나사렛대 관현악과 교수님께 지휘 사사를 받고 싶었다. 그래서 미국의 미드웨스트 대학의 교회음악과 박사과정을 공부하며 유봉헌 교수님을 학교 측에서 위촉해 2년간 지휘를 배우고 있었다. 교회음악 박사 지휘전공을 하게 된 것이다. 미스웨스트는 미국에 근거하는 신학대학인데 온라인으로 전 세계의 선교사들을 교육하기 위한 독특한 프로그램을 갖는 대학으로 평상시에는 온라인으로 수업을 진행하다가 방학에는 미국으로 건너가 현장 학업과 시험을 통과하는 과정을 갖고 있었다. 나는 비엔나에서 6년간 공부하였기에 해외에 가서 더 공부하는 것은 좀 여건이 허락되지 않았고 교회음악 박사가 예전부터 하고 싶었다.

그렇게 2년을 박사 과정이 거의 마무리 되어 학위를 끝내려 할 때쯤 어느날 교수님은 나에게 '드보르작의 신세계 교향곡'을 졸업연주 곡으로 하자고 하시며 작은 핸드북 악보를 준비해서 천안 시향이 드보르작 신세계를 정기연주로 하는 날, 앞자리에 앉아 공부하라고 하셨다. 그리고 때가 되면 천안 시향을 지휘하며 졸업연주를 하게 해 주신다고 약속해 주셨다.

나는 그 날이 되자 만반의 준비를 하고 열심히 연주장으로 갔다. 그런데 연주장을 들어서자마자 교수님이 무대 위에서 쓰러지는 것을 목격하였다. 정말 소스라치게 놀라운 사건이 벌어졌다. 당시 700여명의 관객 또한 놀라서 소리를 질렀다. 결국 교수님은 그렇게 사흘 후 뇌출혈로 돌아가시고 나는 지휘 선생님을 잃게 되었고, 2년간 레슨 받으며 키운 지휘자의 꿈은 멀어져 갔다. 그리고 나는 하나님의 강력한 인도로 결국 신학교 목회학과에 가게 된 것이다.

당시에는 하늘이 무너지는 듯 했다. 그동안 어려운 연단 과정에서 지휘 수업을 받았고 한 학기만 지나면 교회음악박사 지휘전공자가 되어 교회에서 하나님을 찬양하는 지휘도 하고 세상에서 지휘자로도 살 수 있었기 때문이다. 그래서 지휘를 그만 둘 때 그 실망감은 적지 않았다. 그러나 나는 지휘로 교회음악박사 학위를 받지는 못했지만 그 후 크고 작은 많은 연주를 이끌었다.

지금도 D.C & Logos 크리스천 오케스트라와 제자중심의 나무십자가 플루트 앙상블을 지휘하고 있다. 하나님은 나에게 지휘자로의 졸업장은 받을 수 없게 하셨지만 수원 여자 대학에서 관현악 지휘자로 4년을 일할 수 있게 하셨고, 크리스천 오케스트라도 지휘하게 하셨고, 찬양을 하는 중앙플루트 윈드 콰이어로 8년 동안 20여 번의 크고 작은 연주회도 하게 하셨다. 또 지휘자와 플루트 연주자 부분으로 장애인 예술 대상 국무총리 상도 받게 하셨다. 그래서 '기독교인의 삶은 끝난 것 같은 일도 끝이 아니다'라는 것을 알게 되었다. 지금 목사가 되어 뒤를 돌아보면 내가 전문 지휘자로 살았다면 생명의 말씀을 전하는 목사로 살지 않았을 것이고 내가 하는 말씀과 간증으로 많은 생명을 하나님께 인도하는 삶과 거리가 멀었을 것이다. 그렇게 돌아온 나의 삶이 때로는 답답하지만 그래도 나의 원하는 것을 잠시나마 하게 해 주신 주님의 은혜가 감사할 뿐이다.

"사람이 마음으로 자기의 길을 계획할지라도 그의 걸음을 인도하시는 이는 여호와시니라" *(잠 16:9).*

상도 받고 목사도 되었는데
아직도 매일 하나님께 징징거려요

지혜 있는 자는 궁창의 빛과 같이 빛날
것이요 많은 사람을 옳은 데로 돌아오게 한 자는
별과 같이 영원토록 빛나리라

윈드 오케스트라 지휘 및 제자 발표

양로원 주일설교장면

국무총리상 수상

　　2013년 가을, 어느 날 한통의 전화가 걸려왔다. "장은도 교수님이시죠?" 나는 '집회 요청인가'라고 생각했다. 그런데 "여기는 장애인 협회입니다" 라고 말을 이어갔다. 장애인으로서 활동과 공적을 생각하여 국무총리 상 수상자로 내가 내정되었다는 것이었다. 감사했지만 기가 막혔다. '내가 뭘 했다고? 그저 나 하나, 내 가족, 잘 먹고 살려고 열심히 살아온 것뿐인데 국무총리상이라니...' 아마도 그간 했던 자선 음악회를 선행으로 여겨 주신 상이 아닌가 생각했다.

　　그해 12월 나는 KBS 본사 공개홀에서 진행하는 시상식에서 국무총리 상을 수상하며 두둑한 상금과 트로피, 훈장을 수여 받았다. 지금도 거실에는 그때 받은 상장, 트로피와 브로치 형 총리훈장이 전시되어 있다. 이 상을 내가 왜 받았을까를 가끔 고민해 본다. 그러면 다니엘서의 말씀이 떠오른다. 주님의 일은 그래서 하면 할수록 이름이 나고 영원히 빛이 나는 것 아닌가 생각해 본다.

> "지혜 있는 자는 궁창의 빛과 같이 빛날 것이요 많은 사람을 옳은 데로 돌아오게 한 자는 별과 같이 영원토록 빛나리라" *(단 12:3)*.

목사안수

2014년 12월, 나는 대한예수교장로회 통합 피어선 경기노회에서 안수를 받았다. 3년간의 M. Div.*(3년 동안 98학점이수, 히브리어, 헬라어, 영어를 포함한 목사가 되기 위한 정규 과정)*과정과 목사고시, 시취, 연수 등을 거쳐 얻은 결과였다. 지나고 보면 정말 부족한 삶이였는데 이리저리 돌아서 결국 목사가 된 것이다. '부족한 나를 왜 목사로 부르셨을까?'라고 가끔 생각해 본다. 그 때마나 결론은 '하나님은 오로지 나 하나를 사랑하시기 때문이다'라는 결론을 얻게 된다.

목사안수가 임박한 어느 추운 겨울날, 그날은 밥도 먹기가 싫었다. 목사가 되어야 한다는 부담이 너무 크게 다가 왔다. 그래도 지금까지 인도해 주신 하나님의 은혜에 감사하며 다시 마음을 붙잡고 새벽기도를 한 후 안수식장으로 향했다.

안수식장은 사람들로 꽉 들어찼다. 모두 나 하나를 위해 모이신 분들이었고 나를 축복해 주셨다. 그러나 아내의 얼굴은 수심이 가득해 보였다. 나도 즐겁지만은 않았다. 그러나 몇 년이 지난 지금, 다시 생각해 보면 목사의 삶처럼 평안한 삶이 있을까 싶다. 세상 살면서 걱정을 내가 할 필요가 없으니 더욱 감사한 것이고, 아이들의 삶도 걱정할 필요가 없고 맡기면 되니까 감사한 것이고... 그러나 그날은 너무도 마음이 무거웠다.

안수를 받고 안수식이 끝날 때 전통대로 내가 축도를 했다. 그런데 순간 목사가 되어서인지 성령이 강하게 만져 주시는 것을 느끼게 되었다. 아! 내가 진짜 목사가 되었구나 싶었다. 안수식이 끝나고 주변 분들이 모두 '목사님'이라고 불러 주었다. 참 적응이 안 되었지만 듣기 싫지는 않았다. 이제는 '목사님'이란 호칭이 내게는 꼭 불러주길 바라는 호칭이 되었다.

안수 예배가 끝나고 식사를 준비한 곳으로 이동하려는데 유독 도망치시듯 사라지는 우리 부모님이 눈에 띄었다. 서둘러 가시는 부모님을 뵈며 그간의 긴 영적 싸움이 끝난 것이 아닌 것을 새삼 깨달았다. 무엇이 불편하신지 끝까지 남아서 챙겨주고 했으면 더 좋으련만... 나는 마음속으로 '떡이라도 좀 해 오시지'하는 아쉬움이 계속 남았다. 돌아보면 우리 집안 같은 가정에서 목사 한 명 나오기가 얼마나 힘든 일인데, '저렇게 도망가시듯 꼭 가셔야 할까? 이 자리가 얼마나 복 있는 자리인데, 얼마나 기쁜 일인데, 두 분은 왜 이 자리의 가치를 모르실까?'라고 생각하니 서운하고 답답한 마음이 들고 어릴 적부터 이어온 가정의 고통이 모두 스쳐 지나갔다. 그 대신 언제나 내 곁에서 위로하신 하나님과 아내, 두 딸을 주신 은혜에 감사하며 만감이 교차하는 안수식을 마쳤다.

그날 저녁 7시 나는 성의를 입고 집 거실 십자가 밑에서 아내와 두 딸을 위해 눈물로 안수기도를 해 주었다. 진심으로 축복하는 안수기도, 내가 목사가 되어 첫 안수기도를 한 것이다. 두 딸의 얼굴과 아내의 얼굴에 긴장이 크게 맴돌았고 가족 모두 눈물바다가 되어 성령님의 은혜를 체험하였다. 그렇게 나는 목사가 되었다. 내가 많이 부족해도 그날 이후 나는 오늘도 내일도 100년, 1000년 후에도 나는 목사다.

하나님은 언제나 도우십니다
끝까지 힘내세요

버러지 같은 너 야곱아, 너희 이스라엘
사람들아 두려워하지 말라 나 여호와가
말하노니 내가 너를 도울 것이라 네 구속자는
이스라엘의 거룩한 이이니라

CTS내가 매일 기쁘게 출연

CBS새롭게 하소서 출연

방송출연

목사가 된지 1년이 지나도 사역지는 없었다. 나는 일상에서 하던 일을 계속하며 목사로 거듭나기 위해 매일 3시간씩 성경을 보며 하루에 한 편의 설교를 쓰리라 다짐하며 실천했다. 그 다짐은 특별히 바쁜 날을 제외하곤 지금까지 지켜온 습관이 되었다. 그러던 어느 날 한통의 전화가 걸려왔다. CBS의 '새롭게 하소서'라는 프로의 작가님이라고 하였다. 그리고 4주후 나는 '새롭게 하소서'에 나가 녹화를 하였다.

그간의 사역과 목사가 되기까지 연단을 간증하며 새삼 그 동안 받은 은혜가 얼마나 큰지 모두 짚어 보는 시간이 되었다. 그리고 이어진 김학중 목사님과 티타임에서 목사님이 꿈의 교회에서 음악 문화 사역을 해보면 어떻겠냐고 제안을 주셨다. 참으로 하나님의 은혜였다.

그래서 나는 음악 문화사역 담당자로 사역을 시작하게 되었다. 그 후 CTS의 '내가 매일 기쁘게'도 연속 출연하여 하나님이 음악가인 나를 목사로 이끄신 것을 간증하였다. 모두 하나님의 은혜였다. 나는 연속된 방송으로 여러 교회에서 찬양과 간증 초청이 자주 들어오는 은혜를 입게 되었다.

하나님의 도우심은 경계가 없습니다

목사로 몇 년이 흘렀다. 목사로서는 익숙해지고 있었지만 물질은 집사로 살 때 보다는 언제나 부족했다. 그러나 신기한 것은 우리 가족은 못 먹거나, 못 입거나 하지 않는다는 것이다. 또 물질은 부족하지만 가정은 기쁨이 넘치고 꼭 필요한 것은 언제나 공급해주시는 은혜를 경험하며 살고 있다. 부족한 수입에 의존하여 사는 아내는 매일 웃으려 노력한다. 나는 이런 아내에게 언제나 미안한 마음을 금할 수 없다.

2017년 봄 5월, 날씨는 정말 좋았다. 장미대선 연휴라 하여 많은 사람들이 연휴를 즐기는 시간이었다. 제자들도, 주변인들도 모두 휴가를 즐기려는지 강의 수가 줄어들어 경제적인 어려움이 가중되었다. 그때 나는 장애인 예술가들의 리스트가 올라간 장애인 예술 홈페이지에 가입되어 있었다. 그런데 어느 날 협회장이신 방귀희 박사님에게서 전화가 걸려 왔다. 어느 사회단체에서 장애인 예술가에게 매달 30만원씩 1년 동안 창작 지원금을 준다는 내용이었다. 내가 그 지원대상이라고 하며 전화를 주신 것이다. 나는 매우 기분이 좋았다. 매달 30만원씩 1년을 준다는데 얼마나 감사하고 기쁜 일인가? 그리고 며칠 후 문자 한통이 왔다. 장은도님에게 장애인 후원금으로 180만원을 입금했다는 것이다.

'한 달에 30만원 이라 더니!' 6개월분을 한 번에 주신 것이었다 갑자기 할렐루야가 나왔다. 힘든 5월인데 주님은 내게 아주 예상치 못한 방법으로 보너

스를 주셨다. 나는 아내에게 그 돈을 갖다 주며 오랜만에 잘난 척을 했다. 그 날 기쁘게 웃는 아내의 얼굴을 보았다. 그리고 이틀 후 나는 또 한 번 놀라지 않을 수 없었다. 지원금에 대한 영수증을 해당 기관에 보내야 된다고 하여 영수증 양식을 받게 되었는데 그 양식에 '만해재단'이라고 적혀 있는 것이었다. 그 본부는 당연히 백담사였다.

나는 "하나님, 이거 절에서 주는 돈인데 받아도 되나요?"라고 기도했다. 그때 절에서 스님이 주신 학비로 신학교를 다녔다는 어느 목사님의 간증이 떠올랐다. 이런 상황이 되자 나는 또 감사가 나오기 시작했다. 주님은 자녀를 도우심에 그 어떤 경계도 없다는 것을 보았다. 나는 이력서를 제출할 때 신학교 이력도 당연히 첨부해 보냈다. 그러면 만해재단에서 심사할 때 신학교 나온 목사인 것을 알고 후원했다는 것이 된다. 어찌 되었든 나는 주님이 자녀를 도우실 때 무엇이든 사용하시는 것을 다시 알게 된 또 하나의 간증이 생긴 것이다. 나는 광야에서 주시는 만나를 먹게 되는 은혜를 또 입은 것이다. 그럼으로 언제나 내 곁을 떠나지 않으시는 하나님을 또 만난 것이다.

> "내가 너희를 땅 끝에서 이끌어내고 땅 모퉁이에서 불러내어 너희를 내 종이라고 하였으며 너희를 택하고 버리지 않았다. 너희는 두려워하지 말아라. 내가 너희와 함께 한다. 놀라지 말아라. 나는 너희 하나님이다. 내가 너희를 강하게 하고 도와주며 나의 의로운 오른손으로 붙들어 주겠다"(*사 41: 9-10*).

교통사고

2017년 어느 주일날, 우리 가족은 교회의 전도용 부채를 몇 백 개를 들고 주변 공원에서 뿌릴 생각으로 기쁘게 교회를 나섰다. 신호 대기 중에 갑자기 "꽝"하는 소리에 모두 소리를 지르고 우리 가족은 순간 아수라장이 되었다. 교통사고였다. 둘째 아이와 같이 학교에 면접을 보러 가던 중 아내와 셋이 당한 사고가 갑자기 떠올랐다. 사고는 크지 않았지만 우리는 모두 전도용 부채를 돌리지 못하고 병원을 가야 했다. 내 마음속에 원망이 살살 올라왔다. '전도 하려는데 하나님! 이렇게 사고가 나면 어쩌나요!'

우리는 외상도 없고 다행스럽게 모두 건강했다. 그러나 사고로 인한 충격은 고질적 병들이 더 드러나는 결과가 되었다. 큰 아이는 음악을 하며 어깨와 허리 팔목, 아내는 심각한 척추 휨과 골반 틀어짐, 나는 목 디스크와 오른쪽 어깨 관절, 둘째는 실험실에 근무 하며 파이펫을[5] 쓰므로 오른손 엄지 주변 등, 가족 모두 사실상 종합병원이었는데 사고로 인해 모든 부분이 더 안좋아졌다.

우리는 엑스레이를 찍고 검사를 한 후 외상이 보이지 않자 양의 보단 한의로 가야 한다는 주변 분들의 이야기를 경청하여 집에서 가까운 한의를 찾았다. 그리고 방문하고 진료를 받는데 원장님은 젊고 유능한 분으로 침과 추

---

5) 실험용 스포이드 무거운 중량의 힘으로 서서히 짜주어야 하므로 손가락 관절에 무리가 감

나 요법에 탁월하셨고 약침을 잘 놓는 분이었다. 무작위로 골랐지만 하나님은 딱 맞는 곳으로 우리 가족을 보내주신 것이다. 더구나 대화 도중 그분은 내가 집사로 14년을 섬기던 교회에 출석중이라 서로 남 같지 않았다. 원래 세상에서 집사나 평신도가 목사를 만나면 매주 조심스럽게 되어 있다. 그래서 그런지 그 원장님은 성심껏 우리 가족을 치료해 주셨다. 하나님의 은혜였다. 결국 우리 가족은 교통사고로 인해 가진 병을 드러내 주시고 치료를 받는 은혜를 입었다.

그리고 몇 주 전 오래된 내 차가 이내 못마땅한 아내가 "집회를 다니려면 새 차가 필요한데…"라며 투덜거렸던 기억이 났다. 사고로 인해 그 차는 처분하고 나는 원래 몇 년 전부터 사고 싶던 차량으로 교체하게 되었다. 차를 사는 과정에서 영업소 소장님은 근처 교회 집사님이신데 목사라고 하자 전시차를 전국에서 가장 싸게 많은 DC를 해 주셔서 파격적으로 살 수 있었다.

몇 달이 지나서 나는 이 사고에서 얻은 것과 잃은 것을 생각해 보았다. 그런데 다 이로워졌지 잃은 것이 없었다. 차도 새로 바뀌었고, 사고로 인해 가족 모두 안 좋은 부분을 치료도 받았다. 특별히 병원에서 아내에게 해주신 추나 요법은 그간 아내의 고질적 허리통증과 골반 통증까지 치료하는 계기가 되었다. 나는 합하여 선을 이루시고 자녀의 유익을 위해 노심초사하시며 경계 없이 도우시는 하나님의 은혜를 또 경험하였다.

분명 교통사고는 안 좋은 사건이다. 또한 직장이 잘리는 것도 안 좋은 일이다. 대학에 떨어지는 것도 안 좋은 사건이다. 그러나 직장이 잘리면 더 좋은 곳으로 보내시고, 교통사고가 나면 몸에 있는 병이 드러나 치료하게 되며,

대학에 떨어지면 장학금을 받는 대학으로 다시 인도하신 하나님을 만나게 되는 것이다. 이것이 신앙인이 받는 축복이다. 그래서 일반인이 보기에 안 좋은 일이 생긴다 해도 신실하신 하나님을 믿고 기다린다면 결국 합하여 선을 이룬다는 것을 알게 되었고 그분의 도우심에 그 어떤 경계도 없다는 교훈을 다시 얻게 되었다.

> "버러지 같은 너 야곱아, 너희 이스라엘 사람들아 두려워하지 말라 나 여호와가 말하노니 내가 너를 도울 것이라 네 구속자는 이스라엘의 거룩한 이이니라" *(사 41:14)*.

못난이 장 목사

샘물 호스피스 방문연주

여주 기독교 재단 소망 교도소 나무십자가 초청연주

제자들

그동안 플루트 실기 교수로 수없이 많은 제자들을 가르쳐 왔다. 15년 강의와 입시를 하였는데, 제자의 입학에 실패한 적이 거의 없었다. 내게 오는 제자들은 연주기량이 좋거나 부자인 제자들보다 가난한 학생, 목회자 자녀, 자세가 망가진 학생, 음악을 하며 고난을 심하게 받은 부모님과 학생, 건강에 이상이 있는 학생, 다른 교수에게 상처만 받은 학생, 교회음악 종사자들, 조금은 비정상적 상황의 제자들 등이 주로 나를 찾아왔다.

연주 기량이 좋은 제자들이나 물질적 배경이 좋은 제자들은 항상 문제가 되지 않았다. 그런 경우가 가장 쉬운 케이스이기 때문이다. 그러나 문제가 있는 학생은 언제나 힘이 들었다. 그 상황에서 가장 힘든 것은 실패한 아이들이 갖고 있는 패배 의식을 바꾸는 과정이었다. 패배의식이 깊게 내재된 학생들의 경우 나를 만나기 이전의 실패가 트라우마로 나타났다.

실패만 해서 그런지 조금만 강하게 끌고 가면 포기하려는 경우의 제자, 가정 폭력 아빠에 대한 분노로 자세를 잡아주려고 손을 대면 탁 치며 손을 못대게 하는 제자, 조금 화를 내면 왜 나만 미워 하냐고 우는 제자, 조금만 긴장하면 온몸에 땀이 비 오듯 쏟아지고 입이 덜덜덜 떨려서 악기가 바닥에 떨어질 뻔한 제자 등 이루 말 할 수 없는 인간적 고통을 겪는 아이들을 만났다. 그러나 나에게는 문제가 되지 않았다. 그 이유는 내가 하나님의 은혜와 도움으로 새로워졌기 때문에 내가 양육 받은 방법과 똑같은 방법으로 가르치면 가능했기 때문이다.

그 결과 모든 아이들이 원하는 대로 성장하고 진학에 성공하였다. 그래서 가르치는 재주가 탁월하다는 소리를 학생과 학부형, 동료 교수님들에게 많이 들었다. 그 비결은 내 장애에 답이 있다. 나는 척추 측만으로 틀어진 몸을 이용해 악기를 들고 득음을 하는 가운데 많은 부분이 민감해졌고 자세에 대한 이해가 더욱 깊게 각인되었기에 그럴 수밖에 없었다. 이런 내 감각적인 음악 훈련 패턴이 제자들의 문제를 고치는데 탁월하게 적용된 것이다. 또 부족한 건강, 물질, 환경을 이기며 음악을 해서 나는 제자들에게 "안 되는 사람은 없다. 다만 천천히 되는 사람들이 있을 뿐이다"라고 가르치며 레슨을 해 주곤 했다. 그 결과 내 제자들은 힘든 고비를 겪었지만 결국 이기고 성장하는 예를 많이 보여 주었다.

내가 강의 하는 대학의 학생들만 해도 모두 문제를 안고 만났다. 그러나 그들을 모두 대학원 진학에 100% 성공하였다. 모두 학업에 자신이 없던 아이들이 숙대, 건국대, 동덕여대, 성신여대 등의 상위 학교들로 진학하는 결과를 만들어 냈다.

또한 내 제자들에게는 많은 사연들이 있었다. 악기를 잡고 1년 만에 경기도의 4년제 대학교를 들어간 제자, 피아노를 전공하고 와서 세종대 일반 대학원 플루트를 전공으로 들어간 제자, 심한 우울증과 대인 기피증을 가진 학생이 회복되어 건국대 대학원에 들어간 제자, 술을 이기지 못해 알코올 중독 증상을 보인 학생이 악기를 다시 잡아 전공생이 된 제자, 편모 집안인데 용기를 내서 당당히 대학생이 되고 선생님이 되고 명문 대학원에 진학한 제자, 심한 무대 공포증을 이겨내고 성공한 제자, 조현 병을 앓던 환자가 다시 악기를 잡은 제자, 간질증상을 이기고 대학, 대학원을 마치고 연주자가 된 제자, 입술이 삐뚤어져 있는데 교정해서 60명의 경쟁을 뚫고 대학에 들어간 제자, 외모에 자신이 없어서 매일 침울했다가 대학에 입학하며 밝아진 제자, 이전 선생님에 대한 실망과 불신으로 고생하다 다시 악기를 잡고 성공한 제자, 악기를 사며 사기를 당해서 상처를 받았는데 치유받고 다시 음악을 하게 된 제자 등 이루 말할 수 없는 여러 경우의 제자들이 내게 와서 회복의 역사를 이루어 세상으로 나갔다.

나는 왜 이렇게 힘든 제자들을 가르쳐야만 할까? 고민하고 투정한 경우도 있다. 그러나 하나님의 답은 언제나 내가 감당할 만한 일을 주신다는 것이었다. 또한 그들을 모두 전도하여 하나님의 자녀로 만들었기에 성공이 따라온 것이었다.

나는 아이들을 가르치며 베드로 이야기를 자주 해 주었다. 따지고 보면 "어부가 5,000명을 인도하는 말솜씨와 성령의 능력을 갖게 된 것은 자신감이다"라고 말해 주며 미국의 성경학자 브르스 윌킨스의 '세움의 법칙'을 적용하여 모든 아이들을 세워주려 노력했다. 브르스 윌킨스의 세움의 법칙은 내게 많은 영향을 준 책이다. 제자들을 올바로 세워 주는데 나는 그들의 현재 문제를 보지 않고 그들이 잘 할 수 있는 미래를 보았다. 또 그들을 긍휼이 여겨 그들이 정말 해보고 싶고 가고 싶은 대학과 대학원, 또 선생님의 자리, 연주자의 자리를 그들의 것인 것처럼 강하게 어필하며 자신감을 주었다.

또 그들이 가고자 하는 곳에 미리 가 있는 자들이 너희들 보다 특별히 더 나은 자들이 아니고 조금 더 미리 노력한 사람들이니 오늘부터 그들이 3시간 노력하면 여러분은 5시간 노력 할 때 그 격차가 언젠가 좁혀 진다고 가르쳤다. 그 결과 많은 제자들에게서 좋은 결과가 나온 것이다. 그러나 이 모든 감동의 스토리는 그들의 마음을 움직이고 잡아준 성령님의 은혜이며 부족한 나의 삶에 역사하신 성령 하나님의 은혜가 아니면 제자들의 회복은 불가능했을 것이다.

때론 이런 삶이 목사가 되기 위한 전초전 아니었나 생각해 보았다. 그 이유는 어떤 악조건의 제자들을 만나도 포기하지 않으려 했던 마음이 내게는 있었다. 그 이유는 내가 대입에 실패하고 고생한 시간을 내 제자들이 경험하는 것을 원치 않았기 때문이다. 그러나 그 마음은 이제 목사가 되어 한 사람이라도 지옥에 보내지 않겠다는 긍휼의 마음으로 바뀌어 갔다. 입시를 실패하고 나서 그 참담한 고통과 패배감을 맛본 제자들처럼 신앙생활에 실패하여 지옥에 떨어진다면 그 참담함을 어찌 다 말로 할 수 있을까? 마귀는 하나님의 자녀만 집중적으로 공격한다. 자기들의 자녀는 절대로 건들지 않을 것이다. 더 죄를 지어야 하므로 아마도 모든 죄의 조건을 공급해 줄 것이다.

내가 갖고 있었던 제자들을 향한 긍휼, 그 긍휼이 이제는 마음을 다친 성도, 교회에서 상처 받은 성도, 신앙생활을 하다 지친 성도를 위로하는 긍휼이 될 줄 누가 알았을까?

"예수께서 이르시되 할 수 있거든이 무슨 말이냐 믿는 자에게는 능히 하지 못할 일이 없느니라 하시니" *(막 9:23).*

먼저 간 제자

내가 재식(가명)이를 만난 건 6년 전으로 기억한다. 많은 교수님들을 거쳐 나를 만나서 그런지 플루트 교수님들에 대한 기억이 모두 안 좋았다. 악기를 하며 받은 상처가 매우 깊었다. 그 가운데 교회에서 또 받은 상처와 자기 여자 친구가 군대에 면회 와서 선임병과 가까워지며 그 상황에 오간 실랑이 가운데 생긴 과오없는 성폭행 사건에 연루되어 그 여자 친구에게 받은 상처가 깊게 패인 상처를 더욱 아프게 만든 것 같았다.

악기를 다 그만두고 싶다는 아이를 엄마와 나는 필사적으로 이미 입학하여 몇 년 다닌 대학교를 졸업하게 해 주려고 최선을 다했다. 매일 만나면 기도해 주고 용기를 주었다. 훤칠하게 큰 재식이를 보며 나는 그 아이가 정말 멋있어 보였다. 그래서 항상 이렇게 말해 주었다. "자네는 정말 음악하기에 좋은 조건을 가진 학생이야." 그렇게 내 밑에서 1년이 지나면서 그 아이의 우울증상과 조현증상이 잠시 좋아지는 듯 했다. 그러나 아주 작은 집안의 일이나 교우 관계로도 우울증은 다시 올라와 고통은 반복되었다.

병원을 다니고 약을 먹어도 증상은 호전되지 않았다. 또 내가 음악을 아무리 열심히 시켜도 악기에 대한 흥미보다 이전에 자기를 함부로 버린 선생님에 대한 원망이 깊게 각인되어 호전될 기미가 보이지 않았다. 그래서 "음악은 해도 다 그게 그거다. 세상 다 그렇고 그렇다. 선생님들은 이익을 위해 나를 가르쳤고, 그 관계가 끝나자 다들 뒤도 안 보고 상처를 남긴 후 떠났다"라고 말했다.

나는 상처 받은 그 아이의 마음을 치유하지 못하는 가운데 몹시 마음이 아팠지만 최선을 다해 이끌어 나갔다. 그러나 아이는 이미 군대를 다녀온 20대 후반이었고 많은 부분이 힘들었다. 그래서 성경 공부를 권유했다. 성경을 보라고 하자, 어느 날은 혼자서 로마서를 본 후 환상이 보인다고 하며 성경을 찢어 먹는 등 이상 징후를 보이기 시작했다.

4학년 1학기를 하던 어느 날 문득 그 아이가 좀 쉬며 김밥천국 같은 분식집을 하고 싶다고 했다. 아이와 부모님이 같이 주장하는 아이의 새로운 진로에 나는 난감했지만 무엇이든 찾게 해 주고 싶은 마음에 시간을 주는 것도 괜찮겠다 싶어 6개월 후에 보자고 했다. 그리고 두 달 정도 시간이 흘렀다. 어느 날 어머님에게 전화가 걸려 왔다. 목소리는 매우 떨리고 깊게 흐느끼고 계셨다. 나는 순간 몸이 굳어가는 두려움을 느끼며 "어머님, 왜 그러세요?"라고 물었다. 그러자 "교수님, 우리 재식이 오늘 사망했어요." "무슨 말씀이세요?" 나는 다그쳐 물었다. "오, 하나님! 하나님!"

장례식에 도착해 보니 이루 말할 수 없는 침통함이 흘렀다. 서른도 안 된 젊은 청년이 스스로 생을 마감한 장례식은 정말 눈뜨고 볼 수 없는 광경이었다. 눈물도 나오지 않았다. 너무도 안타까워 그저 가슴이 아프기만 했다. 수없이 실신한 재식이 어머님은 그냥 넋을 잃으신 듯 했다.

나는 생애 처음으로 무기력을 느꼈다. 두 달 전 자기의 길을 찾겠다고 전화를 하고 잠시 수업을 쉰다고 할 때 쉬라고 한 내가 원망스러웠다. 끝까지 곁에 두며 공백을 주지 말고 지켜봐야 하는 건데 내가 방심했구나 싶었다. 전화라도 자주할 걸, 나도 이전에 재식이를 떠난 교수들과 다를 것이 없단 생각이 들었다. 나는 마음이 무너져 내리며 자책을 하기 시작했다. 너무도 슬프고 허무하고 제자의 목숨을 지키지 못한 안타까운 마음에 마음이 저려왔다. 이렇게 깊게 느끼는 무기력은 처음이었다.

목사가 된 지금도 그때 사건을 생각하면 제자들을 키울 때나, 설교를 할 때나, 교회 사역을 할 때나, 집회에서 간증을 할 때나 모두 무기력을 느낀다. 과연 내가 할 수 있는 일이 무엇일까? 한 명의 제자도 그렇게 덧없이 놓치는데 과연 목사로서 '한 영혼이라도 구원할 수 있을까?' 라는 의문이 들었다. 아니 그간 '그렇게 많은 집회 중에서 과연 한 영혼이라도 내가 천국으로 인도했을까?' 라는 의문이 생기기 시작했다.

그래서 나는 결론을 내리게 된다. 나는 그저 시키는 일을 하는 작은 도구이며 모든 것은 하나님만이 하실 수 있다는 것이다. 그 사역가운데 있는 나라는 작은 존재를 보며 다시 한 번 하나님의 긍휼에 그저 깊게 매달리는 피조물 이란 것을 다시 한 번 인식한다.

> "하나님은 헤아릴 수 없이 큰일을 행하시며 기이한 일을 셀 수 없이 행하시나니"*(욥 5:9).*

닫는 글

하나님의 은혜로 그간 살아온 글을 마치고 나니 이 책을 나는 영원히 마칠 수 없는 사람이라는 사실을 알게 되었다. 그 이유는 아직도 크고 작은 기적으로 주님이 나를 돕고 계시기 때문이다. 내가 간증서를 내는 이유는 1급 중증 장애인이며 가난했던 사람이 하나님을 만나서 세상과 싸워 이겨나가는 것을 드러내므로 많은 분들이 하나님은 나만의 하나님이 아니라는 것을 말씀드리려 하는 것이다.

하나님이 내게 주신 은혜보다 더 많은 은혜를 입은 분도 계시지만 중요한 것은 하나님은 하나님의 자녀라면 모두에게 꼭 필요한 동등한 은혜를 베푸신다는 것이다. 사실 뒤돌아보면 나의 방황의 젊은 시절과 결혼 후까지 이어진 불안과 내적 갈등은 어린 시절 고생으로 인해 생긴 잔재였다.

할아버지부터 내려온 유흥의 내력은 아버지에게 이어져 가족을 피폐하게 하였다. 그래서 나는 아버지처럼은 결코 살지 않겠다고 결심했지만 나도 아버지에게 본대로 살려는 습성을 갖고 있었던 것이 사실이다. 그럴 때마다 하나님이 찾아 오시여 나를 이끄시고 치유해 주셨다.

젊은 시절 환경을 탓하며 멋대로 살려는 철없는 청년을 하나님은 불쌍히 여겨 만나 주셨고, 자라온 환경을 극복하게 하시며, 마귀의 가족에서 하나님의 자녀로 이적할 수 있게 해 주셨다. 이것은 순전히 하나님의 은혜이고 세상으로는 일찍 만나 교제한 아내의 도움이었다.

그 후에 철들고 나니 이제는 가난했던 과거의 한을 풀려고 오로지 물질만 쫓아가려는 죄인을 또 사랑으로 이끄시고 연단을 통해서 신학교로 인도하시고 결국 목사로 만들어 주셨다.

나는 그렇게 모순 덩어리이며 불순종의 은사가 있는 부족한 인간이다. 그러나 포기하지 않는 하나님을 만나서 지금까지 인도함을 받았다. 만약 하나님이 조금이라도 포기하려 하셨다면 내가 목사가 되어 성전에서 말씀을 하고 찬양 간증 집회와 부흥회를 이끄는 일은 결코 없었을 것이다. 인간은 누구나 실정법을 어기지 않아도 죄인이며 언제든 파렴치범이 될 수 있는 죄성을 갖고 있다고 생각한다. 나 또한 그러하다. 그래서 하나님과의 관계가 하루라도 끊어진다면 인간은 마귀의 표적이 될 수밖에 없는 것이다. 세상에서 생업에 매여 사는 인간은 누구든지 하나님과의 관계가 끊어졌다가 이어졌다 를 반복하게 된다. 그러므로 우리가 겪는 가끔의 고난은 하나님의 아들임을 입증하며 사는 중요한 방편이라 생각한다. 그래서 히브리서 12장 8절 말씀대로 친아들이 아니면 징계도 없다는 말씀이 성립된다.

이 책을 읽는 모든 분들에게 이런 사랑의 하나님을 만나게 해 주고 싶어 부족한 나의 이야기를 썼다. 끝으로 이 책이 나오기 까지 인도해 주신 만군의 여호와이시며 나의 주인이신 하나님과 끝까지 곁에서 응원해준 아내와 두 딸에게 감사한다.

초판 1쇄 _ 2018년 3월 16일

지은이 _ 장은도

펴낸이 _ 김현태

디자인 _ 디자인 창 (디자이너 장창호)

펴낸곳 _ 따스한 이야기

등록 _ No. 305-2011-000035

전화 _ 070-8699-8765

팩스 _ 02- 6020-8765

이메일 _ jhyuntae512@hanmail.net

따스한 이야기 페이스북

https://www.facebook.com/touchingstorypublisher

따스한 이야기는 출판을 원하는 분들의 좋은 원고를
기다리고 있습니다.

가격 12,000원